LETTRES

De la Mere Angelique de S. Jean à Mr. Arnaud, écrites depuis que la Communauté fut transferée à Port-Royal des Champs jusqu'à la paix de l'Eglise.

PREMIERE LETTRE.

ON nous a dit que vous defirez une Rélation de ce qui s'eft paffé au fujet des malades ; on vous la fera abregée comme elle eft dans le verbal : mais tout ce qu'on en peut dire n'eft rien en comparaifon de ce qu'on voit & qui ne fe vit jamais ; car l'indifference & la dureté de ces perfonnes a quelque chofe d'inconcevable. On a fait une Rélation plus ample de ce qui fe paffa entre cet Ecclefiaftique & nôtre pauvre malade mourante, quand elle lui parla & que nous le pouffames affez. Nous gardons tout, & cela fuffit pour le prefent. Quand on en fera à cette partie de l'Apologie, on aura quoi fournir des Mémoires. Je voudrois bien qu'il ne fut point neceffaire d'occuper plus long-tems une fi belle épée dans ces fortes de guerres, & qu'elle eût plûtôt occafion de fe tourner contre les ennemis invifibles de nôtre veritable paix, en combattant les erreurs, les abus & les pechez qui font un déluge de maux dans l'Eglife, & en preparant aux ames qui s'en veulent fauver une Arche fainte où elles puiffent être en fureté, par les inftructions folides de la veritable pieté & des moyens de fuir la colere de Dieu dont le tems paroît être fi proche. Sur tout nous regrettions ces jours paffez l'interruption du beau traité de l'Oraifon qui avoit été fi utile, & je dirois fi neceffaire ; car c'eft

une matiére où l'on a peine de fe tenir dans un jufte milieu, & de trouver un temperament qui foit proportionné à tout le monde. Nous recommençons toutes les fois qu'on en parle, d'agiter la queftion ; & nous ne concluons jamais, fçavoir s'il faut ou s'il ne faut pas affujettir toutes fortes de perfonnes à faire ce que l'on appelle Oraifon mentale, & de quelle forte elles peuvent remplir ce devoir quand elles n'y font point attirées & qu'elles fe trouvent fans aucun mouvement, mais ce que je dis ne fert de rien. Il n'eft pas tems de parler de labourage quand la trompette appelle au combat ; mais pour ceux qui font déja captifs & emmenez en Babylone, ils peuvent penfer à femer & à bâtir, parce qu'ils ont fujet de croire que leur captivité durera long-tems, & qu'il faut tâcher à vivre de fon travail quand on n'eft plus nourri des liberalitez des riches, comme nous étions au tems de nôtre profperité & de nôtre abondance ; bien que nous ayons fujet de reconnoître avec confufion qu'alors même nous n'en profitions pas davantage. Je ne vous ofe rien mander de particulier, car il n'y a point de fureté à écrire en ce tems-ci, & je m'affure que vous entre-voyez bien toutes chofes de loin à peu prés comme elles font. *Dei agricultura fumus, Dei ædificatio fumus.* C'eft à lui à conduire & à donner la perfection à fon ouvrage. Je ne doute point que vous ne le lui recommandiez fouvent ; car c'eft par cette voye que vous

A

y travaillez avec lui sans cesse la truelle & l'épée à la main , quelque opposition que les hommes fassent pour vous porter à abandonner cette entreprise, & quelque desir qu'ils ayent de séparer ce que Dieu a uni. Car on nous disoit depuis peu que l'on croit à present qu'on nous quitteroit de la Signature, pourvû que nous voulusfions bien promettre de nous separer absolument des personnes & de la conduite que Dieu nous a fait trouver par une si grande misericorde. Mais ce ne feroit pas un mal si on ne nous attaquoit plus que du côté où nous sommes les plus fortes : car si nous n'avons pû condamner celui que nous n'avons jamais vû ni connu, comment nous feroit-on abandonner ceux que nous connoissons & que nous aimons comme les vrais peres de nos ames, & les fidéles deffenseurs de la Doctrine de l'Eglise ?

Je ne sçai pourquoi ni comment je me lailse aller à dire toutes ces choses dont je n'avois aucun dessein. La seule dont je desirois de vous écrire , parce qu'elle me touche tout-à-fait au cœur , est sur un bruit qui est venu jusqu'à moi , que l'on pensoit à faire faire un grand voyage à ma Relation que je pourrois appeller quasi ma confession , la verité étant que mon principal dessein , quand je l'ai écrite , n'a été que d'exposer au jugement de mes Confesseurs, quelle avoit été ma conduite & mes dispositions dans cette occasion importante , dont je n'avois pû rendre compte à personne , dans l'esperance que leur charité m'aideroit à reconnoître les graces que Dieu m'y a faites , & à remarquer les fautes que je puis y avoir commises. C'est ce que j'attendois de vous & que je vous demande encore très-humblement ; & du reste vous sçavez que nous avons toutes souhaité que l'on nous gardât le secret que mille raisons rendent tout-à-fait necessaire. Il y en a de toutes humaines qui ne laissent pas d'être considerables , comme le mépris que font la plûpart des personnes qui ne nous affectionnent pas, de la facilité qu'on a entre nous à produire tout ce que l'on fait & à se donner des loüanges.

Ce n'est pas néanmoins ce que je voudrois craindre davantage. Si j'étois humble je devrois mépriser leur mépris ; mais quand je serois fort humble , je devrois craindre les loüanges ; & parce que je ne là suis point du tout , je supplie ceux qui ont de la charité pour moi de ne faire point parler de moi. Trouvez bon que nous entrions dans le dessein de Dieu , de nous cacher quand il nous cache. Il nous a mises ici dans un tombeau & nous y a embaumées de mirrhe , parce que nous nous serions corrompuës dans l'air du monde qu'on ne pouvoit éviter de respirer un peu lorsqu'on le frequentoit. Laissez nous attendre en paix nôtre resurrection, & ne nous faites point paroître que J. C. qui est nôtre vie, ne soit lui-même apparu au monde dans sa gloire. Je vous dis serieusement que j'apprehende que le Démon n'ait un bien plus mauvais dessein que les hommes dans cette affaire, & qu'il ne dresse des embuches au talon de la femme pendant qu'elle ne cherche qu'à conserver sa tête. Car que nous servira-t'il de conserver la verité , si nous perdons l'humilité qui est la base qui doit soûtenir & affermir tout ce que l'on a pû acquerir de vertu dans une si grande occasion. Je vous dirai de plus que j'ai une veritable honte , qu'on expose à la lumiere & à la gravité d'une télle personne, cent bagatelles que j'ai raportées indifferemment en écrivant tout ce qui me venoit dans l'esprit , sans autre vûe que de vous divertir un peu à lire des choses qui ne servent à rien qu'à representer les esprits & les humeurs des personnes , & d'autres choses semblables où je ne me souciois pas d'exceder , parce que vous aviez demandé des relations fort amples, & que je n'avois rien de plus considerable à dire , ma retraitte ayant été si profonde qu'il ne s'y étoit passé aucun événement remarquable. Mais qu'il paroisse qu'on a voulu entretenir le monde de ces inutilitez & perdre le tems à les écrire , cela ne peut nullement édifier, & scandaliseroit en quelque maniere la bonne cause que nous soutenons en souffrant pour elle.

De plus j'ai écrit avec assez peu de cir-

confpection, & il y peut avoir des endroits
où je ne parle pas avec affez d'humilité &
de moderation , que j'aurois certainement
voulu adoucir , fi j'avois prevu que ce recit dût être expofé au jugement d'autres
que de ceux pour qui je le faifois. Car j'y
ai même fi fort plaint le tems , qu'il m'a
été impoffible de me refoudre d'en perdre
à le relire , & il fe peut faire que la copie
que vous avez foit pleine de fautes. Tout
cela conclud à vous fupplier très-humblement de me laiffer toute entiere en cloture,
& à me conferver le fruit de ma retraitte
que je perds tous les jours , en priant Dieu
qu'il me pardonne les fautes que j'y ai commifes, & en ne les expofant pas à des perfonnes qui ne font pas obligées d'avoir la
même charité que vous pour les excufer. Je
vous fais la même priere pour ma Sœur
Anne Eugenie, fans qu'elle fçache rien de
tout ceci , parce que je lui ai donné parole & qu'elle s'eft fiée à moi qu'on ne verroit point ce qu'elle a écrit , fans quoi elle
ne s'y feroit jamais refoluë , & elle ne p
pardonneroit point du tout fi elle fe trouve
voit trompée. Souvenez-vous s'il vous plaît
de la parabole de Nathan. Vous êtes riche ,
& fi vous voulez traiter vos amis , vous
n'avez qu'à choifir dans vos troupeaux de
quoi leur faire des feftins magnifiques ;
mais épargnez des pauvres qui n'ont qu'une
feule brebis , & qui peut-être dans toute
leur vie n'ont trouvé que cette unique &
précieufe occafion pour gagner quelque
peu de chofe , qu'elles perdroient en un
moment, fi elles donnoient entrée à quelque fecrette complaifance de ce que leurs
fouffrances leur ont acquis de l'eftime dans
l'efprit des perfonnes qui aiment Dieu & fa
verité. Je finis tout court parce que l'on
m'attend , & je ne vous fais point d'excufe
de ma liberté, m'affurant que vous la trouverez jufte fur le fujet dont il s'agit.

II. LETTRE.

JE vous fupplie très-humblement, fi vous
prenez la refolution d'envoyer cet écrit
à Mr. d'Alet , que ce foit s'il vous plaît
avec toutes les conditions que vous avez

la bonté de me promettre , l'une du fecret,
& l'autre d'y faire les retranchemens & les
corrections que vous jugerez neceffaires ,
non pas pour empêcher qu'on n'en voïe
les défauts & que ce ne foit une confeffion, en y laiffant voir les fautes que j'y ai
commifes ; mais pour faire au contraire
qu'elle paroiffe en ces endroits là une veritable confeffion , au lieu qu'il eft arrivé
peut-être, que j'ai rapporté quelquefois des
chofes fimplement comme elles fe font
paffées, fans marquer que ce n'eft que pour
en rendre juges les perfonnes qui le devoient lire , parce que je n'ai pas connû
moi-même fi j'y avois bien ou mal fait , la
privation où l'on eft en cet état de toute
conduite étant la plus grande peine & la
plus perilleufe tentation de cet état effroyable d'un abandonnement fans exemple.
Je voudrois être plus capable de reconnoître comme il faudroit cette grace fi mer-
veilleufe que Dieu a faite à fon Eglife & à
ceux qui deffendent fa verité , de les unir
avec un tel Chef ; mais pour ce qui eft d'y
être fenfible , je ne fçais fi je la puis être
davantage. C'eft le fujet continuel de mon
admiration ; & je ne crois point que Dieu
ait jamais parlé fi clairement qu'il le fait à
prefent , dans toute la conduite qui paroit
dans cette affaire.

III. LETTRE.

LE tems de la Refurrection eft un tems
de joïe pour les Chrêtiens : mais Dieu
qui ne veut pas que nous nous trompions ,
nous inftruit par fa conduite depuis plufieurs années, que nôtre joïe doit être toute fpirituelle , & que comme Jefus-Chrift
tire fa nouvelle vie du tombeau, nôtre
confolation doit auffi naître de nos larmes.
Car c'eft toûjours en ce tems-ci qu'il nous
en arrive quelque nouveau fujet , & celui
de l'année paffée fut fi abondant qu'il nous
demeure encore fans diminution : ce qui
n'empêchera peut-être pas que ces vieilles
provifions ne rencontrent les nouveaux
fruits de cette année , dont la montre eft
déja fi belle par les avis que vous avez reçûs
& les difpofitions qu'on y voit d'autre part.

Dieu veuille que nous nous enrichissions de tant de biens. Un serviteur fidéle & prudent comme celui dont parle l'Evangile, auroit tiré une grande usure de tant de talens. Mais j'ai peur qu'on n'aye raison de nous blâmer de l'excessive dépense que nous faisons ; puis qu'avec tant de revenus annuels & tant de gains extraordinaires, sans les fonds dont nous joüissons toûjours, à grand peine pouvons nous vivre, au lieu que nous devrions nous enrichir, & avoir de quoi enrichir les autres. Ainsi quelques resolutions que l'on prenne pour regler nôtre dépense, ce sera une misericorde de Dieu qui augmentera d'autant les revenus de nôtre justice ; parce qu'il voit que nous ne souffrons pas encore assez pour être vrayment pauvres, humiliées, mortifiées & penitentes, comme nous devrions l'être devenuës depuis le tems où il nous instruit si clairement que c'est cela qu'il nous demande, & qu'il ne nous envoie tant d'Officiers nous commander & nous menacer les uns après les autres, que pour nous contraindre d'entrer dans la salle de son festin, où il veut que les pauvres & les miserables remplissent les places dont les riches se sont exclus par leur indifference & leur mépris. Ce bonheur seroit trop grand, s'il n'y avoit après cela plus sujet de craindre de sortir jamais de ce banquet. Mais la parabole dans sa suite, nous fait encore terriblement trembler, & qui se peut assurer s'il a cette robe nuptiale que Dieu seul discerne, & que les Conviez ne remarquent point ? C'est la seule chose qui me fait peur dans toutes les menaces de séparation, de dispersion, &c. Toutes les peines qu'on y peut souffrir me seroient bien duës, & par la misericorde de Dieu je me sens dans la disposition de m'y abandonner ce me semble de bon cœur : mais cette crainte de ne sçavoir si je persevererai, si ma lampe ne s'éteindra point durant la nuit, si mes forces ne manqueront point dans le tems de la vieillesse, si cette étrange prediction que le Fils de Dieu a predite de ces tems-ci ne me fera point tomber dans l'erreur, nonobstant que j'aye connû la verité, en punition peut-être de ce que

je ne l'aurai pas assez aimée & assez suivie ; c'est cela qui me fait trembler, & non pas les desseins des hommes qui n'ont nul pouvoir, sinon d'éxécuter les ordres de Dieu. J'ai un avantage par dessus mes Sœurs, que je sçais mieux que les autres ce qui doit arriver de moi. Car pourvû qu'on soit assuré seulement qu'on en veut ôter quelques-unes, je n'ai plus à douter que je ne sois de ce nombre, & je ne demeure point dans l'incertitude comme la pluspart des autres, ce qui est un état penible & qui expose d'avantage à la tentation, parce que l'on envisage toute sorte de perils ensemble, & que l'esprit qui se voit attaqué de tant d'endroits, ne sçauroit réünir ses forces pour se deffendre ; au lieu que quand je ne voi que la solitude & l'ennui d'une prison, je n'ai qu'à me donner à Dieu pour y entrer avec confiance dans l'esperance qu'il y sera avec moi, & je n'ai point à me mettre en peine de quelle maniere il faudra agir ici pour s'opposer à des violences, pour répondre à des interrogatoires, s'il faudra resister à tour, s'il faudroit se resoudre à tout souffrir, quel avis donner à celles qui en demanderont quand on ne pourra soi-même avoir de conseil, comment soutenir celles qui se lasseront, & une infinité d'autres choses qui se présentent en foule à mon esprit quand on parle de changement dans la Maison, & qui se retirent & me laissent en paix du moment que l'on parle de dispersion. Je vous demande seulement une grace, mon cher Pére, qui est que vous ayant fait une si ample relation du passé, afin de vous donner connoissance de toute ma conduite dans un état qui quoi-qu'on en dise est fort perilleux, avec l'esperance que vous m'en diriez vôtre sentiment pour me donner de la lumiere sur les fautes que j'y ai pû faire ; vous ayez presentement la bonté de me donner quelques avis pour l'avenir, si je me trouvois encore sans assistance en une pareille occasion. Je me souviens que j'ai omis avec dessein dans cette Relation une peine qui me tourmenta l'esprit dans le commencement, & qui me revient quelquefois, que j'y ai appellée *avoir vû les portes tenebreuses & les portes d'enfer,* sans m'expliquer ; car proprement ce n'est qu'une vûë de l'esprit qui ne trouble rien au dedans , mais dont la seule presence est horriblement penible , & je vous la consulte , parce qu'elle me laisse pourtant un scrupule quand ces pensées me reviennent. C'est comme une espece de doute de toutes les choses de la foi & de la providence, à quoi je m'arrête si peu , que de peur de raisonner & de donner plus d'entrée à la tentation , il me semble que mon esprit la rejette avec une certaine vûë qui seroit elle-même contraire à la foi , parce qu'elle enferme une espece de doute qui est comme si je disois , que quand il y auroit quelque chose d'incertain dans ce qui me paroit la verité , & que tout ce que je croi de l'immortalité de l'ame , &c. pourroit être douteux , je n'aurois point de meilleur parti à choisir que celui de suivre toûjours la vertu , &c. Je me fais peur en écrivant cela ; car jamais cela ne fut si expliqué dans mon esprit : c'est quelque chose qui s'y passe sans quasi qu'on l'y discerne. Cependant ne manque-t'il point quelque chose à la certitude de la foi , quand on est capable de ces pensées ? Je n'en ai osé parler à personne , parce qu'elles me paroissent si dangereuses, que je craindrois d'en donner la moindre vûë à celles à qui je dirois ma peine. Car pour toutes les autres tentations, la foi fournit des armes invincibles pour les combattre : mais quand elle même est attaquée, on se trouve sans aucune deffense,& j'aimerois mieux être livrée à tous les démons qu'à une pensée d'infidelité. Je vous supplie très-humblement , mon cher Pere , de prier Dieu qu'il me délivre de ce peril , & sur tout de vous en souvenir si je suis éloignée & que vous n'ayez plus de mes nouvelles. Car on ne peut s'imaginer où va la peine de l'abandonnement où j'ai été, quand Dieu permet qu'on soit dans ces afflictions d'esprit sans trouver sous le Ciel qui que ce soit avec qui on puisse se consoler. Il me semble que je n'aurai jamais une entiére assurance que je sois ferme & immobile comme dit S. Paul dans la foi de l'Evangile , à moins que Dieu ne me fasse naître l'occasion de sacrifier ma vie pour sa

verité : & c'est pourquoi ce qui passe pour la plus grande recompense de la vertu dans les Saints , & qu'on n'oseroit desirer en le regardant de la sorte , ne seroit qu'un secours à ma foiblesse & la consolation de ma foi en la maniére que je le regarde. Car qui pourroit me prouver davantage la puissance de Dieu , que de ce qu'il me soutiendroit dans une telle occasion ; & qui seroit si capable de m'assurer que j'aime & que je crois sa verité , que de la signer de mon sang ?

IV. LETTRE.

JE ne désavoüe pas ce que vous avez fort bien jugé , qui est que tout ce que je puis avoir de plus secret étant à vous sans reserve , je ne voudrois pas faire la même part à beaucoup de personnes ; & qu'encore que j'admire vôtre bonté & vôtre veritable charité dans la communication que vous trouvez quelquefois à propos de faire pour l'utilité de ceux à qui vous confiez les choses , il ne laisse pas d'être veritable, ce me semble , que chacun devroit être maître de son secret , & quand on n'a pas ce mouvement de le communiquer à plusieurs , cela gêne un peu de penser qu'on ne peut être assurée. J'ai dans l'esprit en vous parlant ainsi , ma rélation que je vous confesse n'avoir faite que dans la vûë d'obéir à deux personnes qui l'avoient desirée , à qui j'étois très-aise de rendre compte exactement de ma conduite , pour en avoir leur avis , & que leur charité m'aidât à remercier Dieu des perils dont il m'a preservée & des graces qu'il m'a faites, aussi-bien qu'à obtenir de sa misericorde le pardon des fautes que j'y ai commises. Dans cette vûë & par l'ordre d'une personne de merite, j'y ai marqué beaucoup de choses de mes dispositions interieures que je ne desirois nullement qui fussent vûës que des personnes à qui je voudrois bien en rendre compte ; & c'est tout vous dire que je n'ai pas crû même pour ce sujet devoir montrer cette Relation qu'à quatre ou cinq personnes , & pas même à quelques - unes des Meres ; car quoique

cieufes. Mais néanmoins on nous a fait entendre que fans bleffer cette difpofition qui devoit toûjours être dans la prépara-tion du cœur, il ne falloit pas laiffer de s'oppofer à l'injuftice autant que les loix le permettent ; parce que ce nous étoit une obligation de maintenir les droits d'une Communauté qu'on veut opprimer , & que ce feroit en quelque forte confentir à l'injuftice, que de ne s'y oppofer pas. Nous avons fuivi ce confeil & nous n'y avons rien perdu , puifque nos oppofitions n'ont rien diminué de nos fouffrances , & ont même fervi de pretexte à nous faire traiter plus mal. Mais ne faut-il donc point faire de difference entre les chofes où il faut maintenir nos droits par l'amour de la ju-ftice , & celles qui n'étant que de pures violences qui ne tendent qu'à nous faire fouffrir & à nous matter , ne fçauroient prejudicier à rien finon à nôtre commodi-té & à nôtre fanté ? Ne devons nous pas à Dieu & à nôtre prochain dans ces rencon-tres, une patience tranquille qui donne de l'edification, & qui ôte le pretexte que l'on prend de nous accufer que nous nous re-voltons contre tout, que nous ne nous fou-mettons en rien, & que nous ne donnons au-cune marque de l'humilité & de la douceur que tous les Saints ont fait paroître quand ils fe font trouvez en des occafions fembla-bles, comme Mr. du Sauzay nous le reproche dans un Billet injurieux qu'il fe donna la peine il y a peu de jours de nous écrire. 250. & moi fommes tout-à-fait de ce fen-timent, que par tout où il eft permis de ne fe point plaindre , des perfonnes com-me nous feroient obligées de ne le point faire , & qu'il faut être contrainte par une obligation de juftice, pour pouvoir fe dif-penfer de la loi qui nous commande de prefenter l'autre joüé à celui qui nous a frappé. Ainfi je vous avoüe que nous au-rions fcrupule de nous plaindre qu'on nous ôte la liberté de la promenade dans nos jardins & que cela nous expofe à devenir malades , en même tems que nous fouf-frons fans fçavoir à qui nous en plaindre, d'être féparées des Sacremens depuis deux ans, d'être abandonnées de toute affiftan-

ce fpirituelle à la vie & à la mort , & d'ê-tre même privées de la fepulture. Cela même a quelque chofe qui choque le bon fens, à moins que l'on ne croye que nous fommes auffi charneiles que les gens du monde, qui ne font état que de ce qui re-garde la vie prefente, & comptent pour fort peu de chofe ce qui regarde leur falut. Et nous reffemblerions à un homme fur l'échaffaut qui fe plaindroit d'un mal de dents quand on eft prêt de lui abbatre la tête. Je vous fupplie donc très-humble-ment de me confirmer cette regle fi elle eft bonne : Qu'où il ne s'agit que de fouffrir fans préjudice de nos droits, il n'y a qu'à fouffrir de bon cœur & fans fe plaindre ; car cela n'eft deffendu nulle part, & je le trouve au contraire commandé par tout : Et que quand il faut deffendre la juftice & nos droits parce que nous y fommes obli-gées , il le faut faire courageufement fans fe mettre en peine de ce qui en arrivera & fi l'on en fera plus maltraitées ; c'eft tout ce que j'y comprends. Je vous fupplie très-humblement de me dire fi j'ai raifon.

La propofition d'envoyer la Relation de la mort de nôtre chere deffunte à Mr. de Paris , eft infaifable. Je penfe qu'on ne vous dit pas les chofes , & qu'il eft hors de nôtre pouvoir de faire paffer ni Lettre ni Billet parce qu'il n'en veut recevoir aucun de nous, & que les gardes nous l'ont fi-gnifié plufieurs fois, à plus forte raifon un tel recit où il n'y auroit rien qui ne lui fut fort défagréable. Je ne vous en dirai rien ici , parce que je l'ai fait à part : mais fi j'ofois pretendre quelque recom-penfe du fervice que j'ai été trop heureufe de rendre à nôtre pauvre Sœur, & dont je me tiens trop recompenfée par la grace que Dieu lui a faite, ce feroit en héritant dans vôtre charité de la part qu'elle y a toû-jours eûë, quoiqu'en un degré different ; car elle avoit vôtre eftime , & je ne veux que vôtre compaffion pour mes befoins, vôtre confiance pour m'avertir de tout ce que vous trouvez à redire en moi , & vô-tre foin pour vous intereffer à mon falut & le recommander toûjours à Dieu. Voilà en quoi je fouhaiterois de tout mon cœur

que vous me voulussiez constituer son heri-
tiére, & je suis assurée que la deffunte auroit signé ce legs de bon cœur. J'ai trouvé un papier déchiré qui étoit un projet de
Lettre qu'elle vous avoit voulu écrire en
vous envoyant sa Relation, où elle vous
conjuroit qu'aprés avoir lû sa confession,
vous lui voulussiez donner l'absolution au
S. Autel. Je ne doute pas que vous ne
vous souveniez d'elle & de nous, & que
vous ne nous fassiez communier à vos Sacrifices. C'est de là que Jesus-Christ nous
communique la vie & l'esprit, sans lequel la chair ne profite de rien, & qui seul
peut aider nôtre infirmité en sorte qu'elle
ne succombe point sous le poids des afflictions dont on l'accable.

V. LETTRE.

JE me derobe pour écrire un mot; car
sous le pretexte d'une petite maladie
qui n'est qu'un grand rhume avec fiévre,
on me garde comme si j'étois tout-à-fait
malade; & cependant je la serois davantage, si on m'ôtoit la liberté de témoigner
à Mr. de Ste Croix à quel point nous res-
sentons la nouvelle obligation qu'on nous a
appris que nous lui avions de ce qu'il veil-
le avec une charité & une application con-
tinuelle à détourner tous les piéges qu'on
nous pourroit tendre sous les pretextes spe-
cieux d'accommodemens. Nous avons tiré un grand avantage de nôtre longue
épreuve, en ce qu'elle nous a appris à connoître Dieu & à connoître les hommes;
en sorte que nous dirions de tout nôtre
cœur à Dieu, quand le Prophète ne nous
l'auroit pas appris: *Da nobis auxilium de
tribulatione, quia vana salus hominis.* Car
nous n'avons plus d'autre opinion de toutes les propositions que les hommes font
pour nôtre salut, sinon qu'elles sont ou
vaines ou trompeuses, parce que nous
n'attendons de salut que du Sauveur, &
que nous sommes plus persuadées que jamais qu'il ne nous veut point délivrer
qu'en délivrant sa verité, & qu'étant-ca-
ptives pour elle, nous ne devons point
attendre de liberté qu'avec elle; autrement
nous nous croirions malheureuses, qu'on
nous procurât quelque paix qui ne lui fût
pas glorieuse. Et il est impossible de nous
pouvoir plus resoudre à donner jamais
quoique ce soit pour l'acheter, aprés avoir
tant dit, & que les autres l'ont tant dit
pour nous, que nous nous étions épuisées
dans les soumissions que nous avons déja
renduës. Cela est si vrai, que tous ceux
qui ont la bonté de porter nos interêts, ne
sçauroient jamais exceder à en assurer tous
ceux qui voudroient esperer quelqu'autre
chose; & si ce sont des amis, ils doivent
croire que le plus grand bien qu'ils nous
puissent procurer, est de nous conserver
la paix veritable de nôtre conscience, qui
n'est nullement troublée par les menaces
de la continuation ou de l'augmentation
de nos peines, mais qui le seroit étrangement s'il falloit qu'on nous demandât encore quelque chose dans l'impuissance où
nous sommes d'avancer encore un seul pas
en ne voyant plus à nos pieds que des pré-
cipices. Je parle en plurier, parce que
nous sçavons bien les sentimens de celles
même qui ne sçavent pas que l'on pense à
quelque chose, & que pour les quatre que
nous sommes qui le sçavons, nous n'a-
vons toutes que la même pensée. Si Dieu
nous a mises dans l'épreuve de nôtre foy
comme ces Stes. Vierges des premiers sié-
cles, il faut tâcher d'imiter leur conduite;
& quand ce seroit un Apôtre qui voudroit
appliquer des remedes humains pour guerir nos maux, nous aurions sujet de lui
dire comme Ste Agathe: *Habeo Dominum
Jesum Christum qui solo sermone restaurat uni-
versa.* Quand ce sera la seule parole qui
est la verité même sans aucun mélange d'é-
quivoque & de déguisement qui rompra
nos chaines, nous le benirons de nôtre liberté; sinon nous nous contenterons de
le benir dans nôtre captivité, qui a peut-
être des avantages plus solides que nous
n'en trouverions dans un autre état. Priez
seulement bien Dieu pour nous qu'il nous
fasse la grace d'en profiter, & faites nous
celle de nous procurer les priéres de tous
les amis.

VI.

VI. LETTRE.

Voici encore un Billet de remarques sur des Maretz, que l'on m'a dit de faire. Il n'y en a d'importante que celle qui regarde Mr Singlin, & qu'il faut tâcher de renverser si bien, que l'on détruise la fausse opinion qui s'est répanduë par tout, qu'il eut eû dessein de nous faire signer. Toutes celles de nos Sœurs que Dieu a permis qui soient tombées dans ce malheur & qui s'en sont relevées, disent que ç'a été le commencement de leur tentation que l'affoiblissement qu'il avoit témoigné sur cela, & que leur trouble & le Démon qui s'en mêloit, leur a fait imaginer qu'il vouloit que l'on signât par obéïssance. En sorte que malheureusement il a contribué depuis sa mort à leur chûte ; ce qui a bien fait voir que les moindres pechez peuvent servir d'occasion aux plus grands, sur tout dans les personnes établies pour éclairer les autres : vous en verrez quelque chose dans les Rélations que nous nous sommes à la fin hazardées d'envoyer. Vous voyez aussi-bien que nous sous quel secret cela doit demeurer, pour ne point augmenter la dureté de nôtre captivité qui est assez grande. Vous ne vous plaindrez pas qu'on ne vous ait point obéï à les bien particulariser. C'est plûtôt à moi à vous faire excuse du tems que je vous ferai perdre à lire des choses de nulle consequence & qui ne sont que bagatelles ; mais comme je n'avois rien de plus important à dire, ma solitude ayant été sans interruption, je n'ai pû choisir entre plusieurs choses de même espece & également inutiles, lesquelles je devois preferer, & je les ai mises comme elles me venoient dans la mémoire chaque fois que je prenois la plume. La copie qu'on en a faire n'est pas seulement reluë, & s'il y a des fautes vous les suppléerez assez. Vous y apprendrez l'histoire d'une personne qui vous a donné bien de la douleur par sa chûte dont elle fait une ample confession, mais qui vous doit donner de la joye par sa penitence, parce qu'elle a toutes les marques d'être veritable & sincére. C'est pourtant une grande playe & qui fait étrangement trembler quand on en voit de prés les effets. Rien n'instruit tant, que l'experience que l'on voit faire aux autres ; & rien n'humilie d'avantage, que de se voir à tout moment dans le même peril, & la seule main de Dieu qui soutient nôtre foiblesse sur le bord du précipice.

Sçavez-vous qu'une des choses qui a aussi aidé à tromper nos Sœurs & qui donne encore des doutes à quelques-unes, est que dans les écrits on dit souvent que nous ne sçaurions sans peché signer dans la disposition où nous sommes : d'où elles inférent, que lorsqu'on change de disposition & que l'on ne voit plus le mal que l'on voyoit dans cette Signature, mais qu'on se sent persuadée interieurement qu'il y a du mal à la refuser, on ne fait plus de mal, parce qu'on agit en conscience : & ce faux principe qui les a fait tomber la plûpart, leur sert encore d'excuse presentement pour diminuer leur faute. Je vous avouë que cela me fait peine, parce qu'il me semble que cela leur fait tort pour le passé & pour l'avenir, les empêchant de s'humilier autant qu'il faudroit de leur chûte, & leur ôtant l'horreur que donne une action qu'on croit criminelle, qui sert à en éloigner la tentation si elle revenoit encore dans un obscurcissement semblable. N. M. souhaiteroit fort que ce point fut éclairci, afin qu'il ne servît plus de piége. Vous ne pourrez pas peut-être penser à cela, mais vous le pourriez faire faire, ou au moins avoir attention à l'avenir quand vous écrirez sur ce sujet, de ne rien dire qui ne soit bien éclairci & qui ne laisse point de doute ; car c'est une chose effroyable comme l'esprit est ingenieux à chercher dequoi se tromper, quand on commence à s'affoiblir.

VII. LETTRE.

Le dessein que Mr. l'Archevêque a de venir ici ce Carême, nous donne lieu de prévoir bien des choses peut-être fort incertaines & fort inutiles ; mais on ne gâte rien de les propoſer pour s'inſtruire, car on n'auroit pas la liberté d'attendre du conſeil, s'il nous venoit faire des propoſitions. Vous avez été plus vîte que nous, d'avoir déja deliberé de ce qu'il y avoit à faire en cas qu'on voulut nous rétablir pleinement, & qu'il ne tint qu'à ne pas commettre l'autorité de Mr. l'Archevêque en dépoſant la Sœur Dorothée. Nous n'en ſerons pas reduites à cela ; mais ſi cela pouvoit arriver, je ne crois pas que nous nous puiſſions reſoudre à confirmer par nos ſuffrages une perſonne auſſi incapable & auſſi indigne de ſa charge qu'eſt celle-là, aprés tout ce qui s'eſt paſſé. On nous a dit que nos amis penchoient de ce côté-là ; mais nous avons peine à croire qu'ils s'y déterminaſſent, ſi l'affaire étoit veritablement miſe en déliberation. Pour nous la regle que nous tâchons de garder pour examiner ce que nous pouvons faire en matiére d'accomodement, c'eſt de ſuppoſer 1°. Que nous ne ſçavons point ſi Dieu veut que nous ſoyons delivrées. 2°. Que s'il le veut, il le peut faire & en a en ſa main tous les moyens. 3°. Que quand on nous ouvre quelque voye, mais qu'elle bleſſe quelqu'une de ſes regles & n'eſt pas tout-à-fait droite, cela veut dire que ce n'eſt pas lui qui nous l'offre, & nous ne voulons point de ſalut qui ne vienne de lui. 4°. Que Dieu ayant ſes tems & ſes momens marquez pour toutes choſes, leſquels nous ne connoiſſons point, c'eſt une marque que ſon heure n'eſt pas encore venuë, quand lui-même n'ouvre pas la porte de nôtre priſon, & qu'il en faut rompre la ſerrure, pour nous en tirer en violant quelque point de la diſcipline.

C'eſt ce qui nous feroit éloigner de la penſée de confirmer jamais l'élection illegitime de la Sœur Dorothée, quelqu'avantage qu'on crût en devoir attendre ; puiſque le Concile de Trente fait un peché mortel d'élire une perſonne qu'on croit incapable, & quand ce n'en ſeroit qu'un veniel, nous ne le voudrions pas faire pour acheter nôtre délivrance. Mais comme je dis, ce cas n'eſt pas aiſé à ſuppoſer ; & avant que les choſes ſoyent reduites à ce point, on aura le tems de les mettre en deliberation. Voici d'autres ſuppoſitions un peu plus apparentes, quoique nous ne nous imaginions pas que nous en venions là.

Si Mr. L'Archevêque voyant qu'il ne peut plus rien attendre de nous, nous promettoit de nous rétablir à Pâques dans les Sts. Sacremens, pourvû ſeulement que nous nous tenions en paix dans l'état où nous ſommes, on pourroit bien répondre que nous ſommes fort en paix dans la volonté de Dieu & dans le témoignage que nous rend nôtre conſcience ; mais que nous ſommes toûjours Appellantes de toutes les injuſtices que l'on nous fait, & que nous n'en déſiſterons point qu'on ne nous ait rétablies dans tous nos droits. Juſques-là, je croi que toutes ſeront fermes à ne pas relâcher. Mais ſi ſur le refus de cette offre des Sts. Sacremens à cette condition, il ajoûtoit la menace de l'excomunication, & qu'il ne demandât rien de nous par écrit pour nous déſiſter de nos Appels, mais ſeulement qu'on lui promit de ſe tenir en repos & de n'aigrir plus les choſes, je ne ſçai ſi l'on verroit aſſez clair pour ſe preſerver de ce piége ; il ſeroit pourtant aſſez viſible. Mais s'il arrivoit qu'il tournât l'affaire autrement, & que ſans rien éxiger, il fit ſeulement paroître qu'il veut par condeſcendance accorder quelque choſe à nôtre infirmité, & qu'étant perſuadé qu'il y a du ſcrupule dans nôtre reſiſtance, il a puni le ſcandale qu'elle cauſe, en nous reduiſant en l'état où il nous a miſes de ne faire plus de corps de Communauté, afin qu'on ne puiſſe pas dire qu'il y a une Communauté qui reſiſte à l'Egliſe, mais qu'aprés cela il nous veut remettre dans le rang des ſimples fidelles en nous rendant la participation des Sacremens, afin qu'il ne ſemble pas abandonner nos ames ; cela ſeroit fort aiſé ce ſemble, & ne commettroit pas ſon autorité, quoique je ne croye nullement qu'il en vienne là. Mais en ce cas que faudroit-il faire ? Pourroit-on moins que de lui demander une ſentence par écrit qui revoque les premiéres ; & ſur son refus, refuseroit-on les Sts. Sacremens? Les devroit-on accepter sans qu'il nous retablit en même tems dans le Chœur ; & ne devroit-on point tenir ferme à lui demander qu'après nous avoir fletries publiquement par cette espece d'interdiction, il n'est pas raisonnable de ne nous retablir qu'en cachette , & qu'il doit selon les formes justifier ceux qu'il absout ?

Il est fort douteux si tout le monde seroit d'un avis sur cela, à cause du desir que l'on auroit de communier , & de la crainte de n'y pouvoir plus revenir si on avoit fait ces difficultez. Je sçai ce qu'on nous a dit, que les amis croyent qu'il y auroit un si grand avantage d'obtenir cette grace, qu'il faudroit la faciliter & passer par dessus plusieurs difficultez. Oserons-nous representer ce qui est fort certain , quoiqu'on le dise avec douleur, qui est que, quelque grand bien que ce nous pût être que la paticipation des Saints Sacremens, dont l'amour & le desir augmentent tous les jours en nous par la longue privation où nous en sommes , néanmoins il est constant que ce retablissement donneroit occasion à des tentations perilleuses, & que si l'on accordoit la confession sans le choix tout libre des Confesseurs, il n'y auroit peut-être rien qui nous pût causer tant de mal , & que plusieurs de celles qui s'ennuyent même le plus de ne point aller à confesse, ne laissent pas de reconnoître que ç'a été une grande conduite de Dieu qu'on nous ait refusé la sainte Communion, parce que si on nous eût laissé la liberté d'en approcher, on se seroit encore inquieté davantage de n'avoir point de Confesseur ; & en ayant qui n'eussent pas été tels qu'on les eût voulu, rien ne pouvoit faire tant de tort.

Voilà les plus belles propositions qu'il nous semble qu'on nous pourroit faire. Si on en fait de pires, elles seront plus aisées à resoudre. Car pour ce qui regarde le Formulaire, 250. est d'avis qu'à toute proposition , il n'y a qu'à répondre , *vade retrò Satana*, & c'est le plus sûr.

VIII. LETTRE.

JE ne doute pas qu'on ne vous mande la pensée que la lecture de l'histoire d'Abbeville a donnée d'imiter la conduite de ces bonnes Filles en la Fête de Pâques , au moins autant que l'on pourra, n'ayant pas la liberté de le faire entierement. Il seroit à souhaiter que l'Ange du Seigneur transportât un Prophete jusqu'à nous : mais comme il n'est pas permis de demander des miracles , il y en aura beaucoup qui se resoudront d'attendre avec patience & avec douleur le tems qu'il plaira à Dieu de les rendre participantes de cette grace. Pour moi je loue la pieté de celles qui en ont eû la pensée , & je les estime heureuses du témoignage que leur conscience leur rend qu'elles la peuvent executer ; mais j'avoue que je ne me crois pas en état de me mettre à table sans laver mes mains , & ma pensée est qu'on doit laisser chacun à sa liberté, & certainement il y en a bien à qui je ne croirois pas pouvoir conseiller de ne pas écouter leur repugnance. Il est vrai que l'état où on est , peut servir d'un grand remede à celles qui en usent bien ; mais il donne aussi beaucoup d'occasions de tomber aux foibles , & je vous assure qu'il s'en trouve où on perd tout-à-fait patience , & où il faudroit avoir plus de vertu pour n'avoir point d'aigreur & de ressentiment , sans parler de tout le reste qu'il n'est pas ce me semble à propos de confier à un billet , qui peut être trouvé de ceux à qui on n'a pas dessein de l'envoyer. La difficulté que plusieurs personnes témoignent à accepter cette grace avec quelque raison, me fait croire que vous approuverez les sentimens differens de Zachée & du Centenier, comme Mr. des Tours nous a témoigné les approuver dans une autre rencontre. Je sçais bien que celle-ci est particuliere à cause du tems ; mais je crois que ne pouvant satisfaire à la premiere partie de ce devoir, on n'est pas coupable de ne pas satisfaire à la seconde , lorsqu'on ne croit pas devoir faire l'un sans l'autre.

Les personnes qui se trouvent dans cette

impuiſſance, ne croyent pas néanmoins être diſpenſées de témoigner au moins leur deſir au Prelat ; & pluſieurs m'ont déclaré qu'elles s'y croyoient obligées en conſcience, & m'ont prié inſtamment de demander cette grace, encore qu'on ne l'eſpere pas, mais pour ne pas manquer à ce qui dépend de nous , & lever en même tems le ſcandale que cette apparence d'indifference cauſeroit ſans doute. Mais comme je ne vois pas d'inclination à cette demande dans quelquesunes des principales qui craignent de l'irriter par cette demande, quoi qu'elle ſoit ſi juſte, il m'eſt venu une penſée, qui je crois contentera les premieres, & qui ne peut ce me ſemble faire de peine aux autres ; c'eſt qu'on ne demandât rien poſitivement , mais ſeulement que M. A. lui témoignât au moins nôtre extrême déſir, & que c'eſt par reſpect que nous n'avons oſé nous jetter encore une fois à ſes pieds pour lui demander cette grace , étant perſuadées comme nous ſommes que nous ne pouvons changer de diſpoſition ſans bleſſer nôtre conſcience. Je dis ces dernieres paroles pour éviter les pourparlers d'accommodement comme l'année paſſée. Ou bien on lui pourroit dire quelqu'autre choſe ſelon que vous le jugeriez plus à propos , pourvû ſeulement qu'on témoignât nôtre déſir , & je ne peux croire qu'il en arrive de mal ; il y en a pluſieurs même d'entre nous qui aimeroient mieux s'y expoſer quand cela devroit être, que de manquer à cela : mais pour moi je croi qu'il aura beaucoup plus de ſujet de ſe fâcher de ce qu'on a deſſein de faire , en imitant Jacob, [*c'eſt-à-dire prendre l'habit des Converſes pour communier,*] ſi cela vient à ſe découvrir , comme je le tiens inévitable , y en ayant un ſi grand nombre qu'on ſe promet ; & je prie Dieu qu'il ne permette pas qu'il en arrive ce qu'il me ſemble qu'on pourroit craindre , qui ſeroit de nous punir par la privation de la ſeule conſolation qui reſte du St. Sacrement.

IX. LETTRE.

La Mere Agnés.

J'Eſpere , mes très-chers Peres , que vous ne ſerez plus fâchez contre nous , quand vous aurez vû nôtre billet , où vous ne trouverez pas comme vous le preſuppoſez que nous ayons refuſé les perſonnes que Mgr. l'Archev. nous veut envoyer , mais plûtôt que nous ſommes prêtes de les recevoir avec reſpect. Il eſt vrai que cette offre nous a couté à faire ; car j'ai regardé cette ambaſſade comme une tentation ſecrette qui ne viendroit pas de perſonnes emportées , mais plûtôt qui témoigneroient ne demander preſque rien , qui ſeroit encore plus que ce que nous pouvons donner : car quand ils n'exigeroient autre choſe , ſinon que nous priyons Dieu qu'il nous donne ſa lumiere en communiant , pour connoître ce que nous devons faire , je craindrois cela comme un détour de nôtre voye qui ne nous permet pas d'avoir aucun doute que nous ne faſſions fort bien de demeurer dans les mêmes ſentimens où nous avons toûjours été. Car encore qu'il ſoit vrai en general que nous nous devons défier de nous mêmes , & que nôtre lumiere ſe peut changer en ténébres ; néanmoins étant queſtion d'un fait particulier qui ne change point , je ne pourrois du tout y appliquer ces maximes generales , & j'en aurois autant d'horreur que de dire que je prierois Dieu qu'il me fît connoître ſi la Religion Catholique eſt meilleure que celle de Calvin , ou ſi l'on eſt obligé de garder les Commandemens de Dieu. Bien qu'on ne ſpecifie pas de quoi l'on priera Dieu , c'eſt tromper l'intention que de détourner ſes paroles pour une autre choſe. Vous ſçavez, mes très-chers Peres , quelle faute j'ai faite en diſant que j'étois indifferente , ſans expliquer en quelle maniere , ne ſçachant pas que ce mot étoit tant décrié. Cependant je n'entendois autre choſe ſinon que je n'étois pas aheurtée à ne pas faire une troiſiéme ſignature auſſi bonne que les deux premieres , ce qui ne mettoit aucun ébranlement dans mon efprit. Au lieu que les autres termes leur donneroient ce me femble fujet de croire que nous fommes héfitantes, & leur feroient peut-être juger que nous fommes moins fermes que nous n'avons été, nos Sœurs ayant dit tant de fois qu'elles n'avoient aucun doute fur cela. Nous avons donc apprehendé que ces perfonnes nous trouvant fermées à toutes les propofitions qu'on nous pourroit faire, Mgr. l'Archev. n'en fût davantage irrité contre nous, & que nous leur aurions donné la peine de venir, fans deffein de leur donner aucune fatisfaction, puifqu'ils n'en peuvent recevoir qu'en nous engageant à des chofes dangereufes.

Pour ce qui eft des deux Lettres, encore que l'une foit meilleure que l'autre, il ne laiffe pas d'y avoir des foûmiffions que je ne puis comprendre ; & je fçai ce que Mgr. l'Archev. pourroit penfer d'un changement fi foudain, & d'une confiance en fa bonté que nous avons témoignée jufqu'ici que nous n'avions point reconnuë à nôtre égard, mais plûtôt une très grande feverité, ce que nous fommes obligées de témoigner fouvent par nos Appels ; & ce feroit faire les bonnes Filles avant Pâques, pour nous revolter après, les fujets de le faire ne nous manquant point. Je vous fupplie donc très-humblement de ne me point deftiner pour parler fi fort contre mes fentimens, outre que je fuis affurée que la Communauté n'y confentiroit point. J'ofe dire que ce n'eft pas pour refufer de nous humilier, étant prêtes de le faire en toute autre chofe d'où l'on ne prendra point avantage pour efperer que nous viendrons à quelque compofition. J'aurois bien de l'affliction fi je penfois que vous trouvaffiez à redire à ma repugnance, n'en voulant point avoir à fuivre vos confeils que vous accommoderez s'il vous plaît à nôtre portée, n'étant pas capables d'agir auffi delicatement dans les chofes, que des perfonnes plus habiles que nous pourroient faire. C'eft ce que le tems me permet de vous dire. Je laiffe aux autres à vous éclaircir tout le refte : & pour moi je m'eftimerai très-heureufe quoiqu'il arrive, pourvû

que vous me donniez vôtre benediction que je vous demande en toute humilité.

X. LETTRE.

JE crois que je me fuis mal expliquée, ce qui arrive fouvent de loin, puifque je vous ai donné lieu de croire que nous ayons de l'empreffement pour tous ces Actes & autres procedures & formalitez, à quoi nous ne nous portons que parce qu'on nous a affurées que nous les devions faire ; & nous nous tiendrions fort heureufes d'en être déchargées & de n'avoir plus qu'à fouffrir en filence. Au moins je parle pour moi, parce que mon inclination a toûjours été de ce côté-là ; & j'ai befoin tous les jours de chercher des motifs & des raifons pour me faire avoir de la devotion à toutes ces oppofitions & refiftances qu'il faut faire à tout, & en effet j'ai crû en avoir de folides ; néanmoins ce n'eft qu'en fuppofant que je fuis l'avis de perfonnes plus éclairées que moi, & qui fçavent toutes les regles de l'humilité & de la patience chrétienne : de forte qu'il me fera fort facile d'entrer dans vos fentimens fi vous jugez qu'il n'y a plus qu'à tout fouffrir, pourvû qu'il n'y ait rien à faire fur le fond & qu'on ne parle plus de fignature quelconque ; c'eft à quoi je me retranche autant qu'à garder ma tête qui eft ma foi & ma confcience. Pour tout ce qui eft du temporel, j'ai fi peur qu'en penfant foûtenir les interêts de Jefus-Chrift parce que nôtre Maifon & nôtre bien font à lui, infenfiblement nous ne changions d'objet fans nous en appercevoir, à caufe que nôtre interêt particulier s'y rencontre auffi, que je ferai toûjours fort prête à fuivre confeil, parce que je n'y marche qu'en tremblant & en fuivant les autres que vous avez conduites fur tout cela durant nôtre abfence & qui y font fort entrées ; de forte que prefentement ce font elles qui font le plus de difficulté fur les affaires, & d'ordinaire tout ce que je vous confulte n'eft que pour répondre aux chofes qu'elles propofent & qu'elles concluroient affez d'elles mêmes, fi on n'avoit de meilleures raifons à y oppoſer. Je m'imagine même ſouvent ce qu'elles pourront dire ſur les affaires, & je vous le propoſe par avance afin de pouvoir ſçavoir vôtre avis avant qu'on demande le nôtre. C'eſt ainſi que j'en ai uſé pour la propoſition de la communion Paſchale, voyant 57. qui s'en allarmoit un peu. Pour celle de reconnoître l'Abbeſſe intruſe, elle nous avoit fort ſurpriſe d'abord, & je ſuis aſſurée que nous y trouverions dans la pluſpart des eſprits, une oppoſition peut-être inſurmontable ; néanmoins comme vous propoſez le cas purement paſſif, je m'y rendrois ſi vous l'aviez conclu, quoique j'euſſe peut-être encore quelques difficultés à vous propoſer qui m'y font voir bien de la difference de l'exemple de Vigile, ou d'un Evêque mal entré ; mais j'ai ſi peu de peur que cela arrive, que je ne penſe pas qu'il vous faille faire perdre du tems à le conſulter preſentement, & il y auroit bien d'autres choſes à dire s'il le falloit propoſer à la Communauté. Il ne faut pas ſe perſuader que les eſprits ſoient toûjours comme autrefois ; il y a grande difference, au moins en quelques-uns. L'obéïſſance aveugle a perdu ſon credit, & pour avoir voulu étendre ſes limites trop loin, on l'a excluſe de ſes prétentions legitimes en beaucoup de choſes. L'inclination eſt aſſez naturelle, & quand l'occaſion avec cela eſt favorable, c'eſt une grande tentation, & il eſt difficile de reprendre un oiſeau qui eſt une fois ſorti de ſa cage. Je ne dis pas bien & je me reprends, car il ſembleroit que j'accuſerois quelqu'une de vouloir ſecoüer le joug de l'obéïſſance ; or ce n'eſt pas cela : je ne pretends dire autre choſe ſinon, que l'inclination naturelle de l'eſprit humain étant d'aimer ſa liberté & d'agir par ſon jugement, il faut beaucoup de travail ou une longue éducation pour le reduire à une ſimplicité & une docilité qui a toûjours été extraordinaire dans la Maiſon ; mais quand l'occaſion a obligé à ouvrir davantage les yeux & de ſe conduire plus par ſoi-même, celles qui étoient moins par vertu que par habitude dans cette diſpoſition, ne ſçauroient preſque plus y rentrer, & croyent même que cela n'eſt pas avan-

tageux ; je ne ſçai pas ce qui en eſt. Tout ce que je crains eſt que n'y ayant rien de plus different de l'ancienne conduite de la Maiſon, cela n'en altere bien-tôt l'eſprit ; néanmoins il ne faut rien éxagerer, ce que je dis ne regarde pas beaucoup de perſonnes, mais ç'en ſont qui le peuvent communiquer à d'autres.

J'avois pris bien du papier penſant dire bien des choſes, mais le tems eſt trop court. Je me veux ſeulement expliquer de ce que j'avois demandé, ſi on pouvoit appeller de la derniére Ordonnance de Mr. l'Archevêque. Ce n'étoit pas que nous euſſions la penſée de faire ſignifier aucun Appel ; mais ſeulement pour ſçavoir ſi dans les Procez-verbaux que nous faiſons des choſes qui ſe paſſent, nous pouvions dire que nous ſommes Appellantes de cette derniére Ordonnance comme de toutes les autres, & ſi nous en oſons parler de même quand il s'en preſente occaſion.

Or à propos de ces Procez-verbaux, je vous demande ſi en nous mandant comme vous avez fait dans vôtre dernier Billet, que nul Acte ne nous eſt plus neceſſaire, vous entendez que nous n'en faſſions plus de ceux là qui demeurent pardevers nous & ne ſont que pour ſervir à l'avenir. Nous avons crû qu'ils étoient toûjours neceſſaires pour informer un jour de la continuation des violences & injuſtices que l'on nous fait, & y continuer nos Appels, tant de cela, que du déni de juſtice. Cependant il ſe trouve toûjours que ces perſonnes dont j'ai parlé font ſouvent difficulté de les ſigner, ſous pretexte qu'elles n'ont pas vû toutes les choſes qu'on y rapporte, qui ſont d'ordinaire les entretiens qu'on a & les oppoſitions que l'on fait dans les rencontres, ſoit en parlant à l'Exempt ou à Mr. du Saugey, où il n'y a d'ordinaire que cinq ou ſix perſonnes preſentes ; mais auſſi marquons nous expreſſement dans l'Acte même, que ce ne ſont pas ces choſes que la Communauté ſigne, mais ſeulement l'Appel, & néanmoins c'eſt ſouvent à recommencer. On demande ſi pour ce ſujet il ne faudroit plus faire ces Procez-verbaux, mais de ſimples Relations que la

Communauté ne signeroit point , ou bien s'il se faudroit contenter de donner grande liberté à celles qui ont peine à signer , de ne le point faire , qui est un moyen assez favorable pour leur en donner envie ; & je ne croi pas en effet qu'il importât fort que quelques - unes y manquassent dans ce grand nombre , & que cela seroit toûjours meilleur que de ne faire que de simples Relations qui auroient moins d'autorité qu'une piéce signée d'une Communauté.

Le jour & le tems me manquent ; il me reste à vous dire que nôtre malade a reçû avec une joye qui ne se peut dire , la consolation que vous lui avez donnée. Elle dit qu'elle ne peut mieux vous en témoigner sa reconnoissance , qu'en vous disant qu'elle se perd & s'annéantit en pensant à la misericorde de Dieu & des hommes envers elle. Je vous en dirai davantage une autre fois , mais il faut finir maintenant. Je vous supplie très-humblement de brûler ce Billet.

XI. LETTRE.

VOus avez fait cesser nos peines par la bonté que vous avez eûë de recevoir nos excuses & nos raisons , & vous avez levé nos difficultez par l'instruction que vous nous avez donnée sur la maniére dont on doit promettre de prier toûjours Dieu qu'il nous éclaire & nous donne la connoissance de sa volonté , mais en sorte que les personnes à qui l'on parleroit ainsi ne l'entendent pas autrement que nous , & qu'ils ne supposent point que ce soit par aucun doute que nous nous portions à faire cette priére. Il y a seulement un point que je ne comprends pas encore , qui est la difference que vous mettez entre demander à Dieu qu'il nous fasse connoître si nôtre Religion est la vraye Religion , ou lui demander qu'il nous fasse connoître si nous devons garder sa Loi & ne commettre pas un mensonge & un parjure. Car si la raison qui oblige à prier toûjours est une défiance genérale des tenebres de l'esprit humain qui peut se tromper dans les choses qui lui paroissent les plus claires , cela

peut avoir lieu aussi-bien dans ce qui regarde la foi qu'en ce qui regarde les mœurs. Et je ne vois pas bien pourquoi on ne dira pas de la même sorte , qu'étant assuré qu'il faut obéir à Dieu aussi-bien qu'il faut obéir à l'Eglise , on sçait aussi qu'on est capable par soi-même de toute sorte d'erreurs si Dieu ne nous éclaire sans cesse par la lumiére de sa verité , & que c'est pourquoi on se sent obligé à le prier sans cesse qu'il nous la donne , sans que cela suppose que nous ayons aucun doute dans la Religion , ni aucune incertitude de ce que Dieu demande de nous dans l'occasion presente , j'entends pour le fond de l'affaire. Car je comprens bien que plusieurs circonstances ne sont pas également assurées & évidentes : mais il me paroit si perilleux d'ouvrir les yeux à ces raisons qui rendent la chose moins certaine , qu'il me semble qu'on s'expose à la tentation dés qu'on y envisage quelque doute , & que de l'un on va à l'autre presque insensiblement quand on ne se tient pas ferme dans la connoissance que l'on a que toute cette affaire est certainement un mistére d'iniquité , & qu'il ne faut ni en peu ni en beaucoup y prendre part aucune. C'est pourquoi bien que je comprenne ce que vous prouvez , qu'il faut toûjours prier Dieu & qu'on le peut promettre , l'application particuliére qu'il faut faire de cette regle à l'occasion presente en supposant qu'il n'est pas impossible que nous ne nous y trompions , me paroit si dangereuse à plusieurs personnes , sur tout dans un tems de tentation & quand on est seule comme nous avons été sans aucun conseil , que je crois qu'il est fort à souhaiter d'éviter les occasions où il faut parler de la sorte , & prouver aux personnes qu'elles ont sujet de le faire , & se tenir seulement dans les termes generaux , que l'on prie pour demander à Dieu la grace de connoître de plus en plus sa volonté & la force de l'accomplir avec fidélité & perseverance. J'ay peur que vous ne sçachiez point tous assez, combien il faut peu de chose au Demon pour tenter d'affoiblissement & pour obscurcir l'esprit , quand on est dans cet effroyable abandonnement où nous avons été. Je l'ai entrevû plusieurs fois d'une maniére effrayante, & nos Sœurs qui y sont tombées en parlent d'une maniére qui fait peur. Les moindres choses qui n'avoient fait nulle impression quand on les avoit oüi dire, reviennent & en font une terrible en ce tems-là ; & il se trouve que Mr. Singlin depuis sa mort, a été cause de la signature de la plûpart de nos Sœurs, par le seul souvenir qu'il n'a-voit pas approuvé le sentiment de tous les autres, sans discerner quel étoit le sien particulier, & qu'il n'auroit pas conseillé de signer par obéïssance quoiqu'il voulut qu'on se contentât d'exprimer sans autre restriction, qu'on ne signoit que par obéïssance. Je craindrois de même que ce que vous dites qu'il n'y a pas une égale évi-dence dans toutes ces circonstances de la si-gnature, & qu'on peut n'être pas si assuré de ne se tromper point qu'on ne soit obligé de demander à Dieu qu'il nous éclaire pour ne nous pas tromper, n'allât peut-être re-venir dans l'esprit dans quelque occasion pour faire croire que l'affaire est douteuse, & que les plus éclairez n'en ont point d'as-surance & n'oseroient nous en donner. Or depuis ce doute jusqu'à la séduction il n'y a qu'un pas ce me semble ; & j'ai toûjours dit à celles qui vouloient me persuader que dans le scrupule & le doute il falloit s'en rapporter à son Supérieur, qu'aussitôt que je serois dans le doute, je prendrois con-seil & ne me voudrois point suivre moi-même ; mais que la justice & mon obliga-tion m'étoient si évidentes en cette occa-sion, que je n'avois rien à consulter, par-ce que je n'avois point de scrupule.

XII. LETTRE.

JE ne sçai si les personnes qui vous écri-vent ne vous font point quelque propo-sition pour employer les amis afin d'obte-nir, si on ôte quelques-unes d'ici, qu'on les mette ensemble ailleurs. 250. veut que je vous dise que son sentiment & le mien sont de ne nous mettre en aucune peine de tout cela, non plus que de ce que nous mangerons ou dequoi nous nous vêti-

rons, dont l'Evangile nous exclud la solli-citude. Si nôtre bon Pasteur est *Currus Is-raël & auriga ejus*, nous monterons dans ce carosse aussitôt qu'il nous en donnera l'ordre, & nous nous laisserons mener par tout où il voudra. Quelque part que ce soit, quand nous irions à deux mille lieuës, ce ne sera point hors des terres de sa domination, & il donnera ordre qu'on y ait soin de nous. C'est pourquoi nous n'avons qu'une chose à faire, *In omni loco dominationis ejus benedic anima mea Domino.* Voilà nôtre sentiment par sa grace, vous pouvez compter là-dessus.

XIII. LETTRE.

JE suis si lasse & si honteuse de la peine que je vous donne, que j'avois quasi ré-solu de ne point répondre au dernier mé-moire ; puisque toutes les repliques que nous y pourrions faire, ne se termine-roient aussi-bien qu'à la même conclusion. Néanmoins j'ai crû depuis qu'étant bon que vous connoissiez tout ce qui se passe dans nôtre esprit sur ce sujet, parce que vous n'êtes pas seulement nôtre juge, mais nôtre Pere, & que vous aurez pitié de nous quand même vous vous croiriez obli-gé de nous condamner ; il nous seroit en-core pardonnable de repliquer à ces nou-velles raisons, à condition que si vous ne le jugez pas necessaire, vous ne prendrez pas la peine de le lire, & jetterez le tout au feu, puisque l'abregé de tout cela est ce que nous avions déja mandé, qu'en l'é-tat où sont les choses nous ne sçaurions nous resoudre à entrer dans aucune propo-sition de nouvelle signature ; parce que nous ne voyons point que nous en puis-sions faire aucune qui ne soit plus foible que celle que nous avons déja donnée, soit pour les termes, soit pour les circonstan-ces, à cause de la difference du Formulai-re qui n'est plus le même que nous avons signé, & du serment qui a été ajoûté qui merite bien une restriction plus claire pour assurer nôtre conscience contre l'appre-hension d'un parjure. Enfin, mon Pere, je me suis autant fondée qu'il se peut faire là-dessus ; mais plus je vas en avant , plus je trouve de nouvelles occasions de scrupule de ce côté-là , qui me font clairement sentir que si je voulois passer par-dessus par déference , je me retrouverois ensuite au-dessous & accablée de mes peines , ce qui me rendroit bien inutile la paix exterieure que je me serois voulu procurer par-là , dont on ne sçauroit joüir quand on a le trouble dans le cœur ; au lieu que la paix de l'ame s'affermit & s'augmente au milieu des plus fortes persecutions , quand on se sent d'accord avec la verité qui est le seul adversaire qui peut nous faire condamner par nôtre juge , si elle a quelque chose à nous reprocher devant lui où personne ne nous deffendra que nôtre propre conscience. Ces raisons de l'obligation que l'on a de ne mettre point d'obstacle à la paix de l'Eglise & au retablissement d'un Monastére , ne sont fortes qu'à proportion que l'on est persuadé que les conditions que l'on demande pour y contribuer sont fort bonnes & fort sures. Car pour peu qu'elles fussent mauvaises ou dangereuses , il ne faudroit pas faire un petit mal volontairement quelque grand bien qui en pût réüssir. Il ne paroissoit guéres de mal, ou plûtôt le monde n'en voyoit aucun dans ce que le Roi d'Angleterre vouloit exiger de ce S. Abbé dont l'histoire est rapportée dans la Vie de S. Thomas de Cantorberi. Il n'y eut eû rien que de fort veritable & fort sincere dans l'Acte qu'on lui eut voulu faire signer , & il s'agissoit non seulement de la ruine d'un Monastére , mais de tous ceux qu'il avoit dans le Royaume, dont on le menaçoit de le chasser , s'il refusoit cette proposition qui ne pouvoit être mauvaise que dans le seul mauvais usage qu'on auroit pû faire quoique fort temerairement de cet Acte. Cependant il fut insensible non seulement à ses propres interêts , mais même aux larmes de ses Freres qui lui representoient la tentation & le péril où il les alloit tous exposer par le refus d'une chose qui étoit legitime & permise en soi, puisqu'elle ne contenoit rien que de veritable. Et sa fermeté n'eut pas été moins loüable quand elle auroit eû toutes les suites dont

on l'avoit menacé , qu'elle l'a été de s'y être seulement exposé , quoique Dieu se soit contenté de cette épreuve de sa fidelité , sans permettre que l'on executât des menaces qui n'avoient eu aucun effet contre la constance de ce S. homme , qui ne craignoit que les menaces de Dieu , & le peril de blesser la charité ou la justice dans la moindre chose du monde. Il semble qu'il nous doit être d'autant plus permis d'imiter cet exemple, que nôtre cause est encore plus favorable que la sienne en beaucoup de maniéres. Le plus grand mal qui nous en sçauroit arriver , c'est si cela refroidissoit le moins du monde vôtre charité envers nous. Quelle apparence de le croire , puisque vous nous avez toûjours connuës telles que nous sommes au sujet de la peine que nous avons toûjours de dire ou de faire quelque chose non seulement qui signifie, mais même que nous sçachions que d'autres entendront d'une maniére desavantageuse à la verité pour laquelle Dieu nous a fait la grace de souffrir. Feuë la Mere Angelique disoit que nous ne pouvions assez comprendre la dignité de cette persécution-ci. Et comme par la misericorde de Dieu nous sommes dans le meme sentiment , & que nous la regardons comme la plus grande grace que Dieu nous pourroit faire , & la plus grande marque de son amour ; il est fort naturel que nous craignions de hazarder nôtre couronne , pour en faire une échange contre une mauvaise paix qui ne la vaudroit pas , & que nous n'obtiendrions pas même, quoique nous eussions fait cette infidelité pour y arriver. Quand Dieu voudra nous faire décendre de la croix , il inspirera à quelqu'un de demander nôtre liberté *Audacter* , comme fit Joseph d'Arimathie , sans y mettre de condition & sans nous la faire acheter plus cherement qu'elle ne vaut. Quand je parle de conditions , je n'entens que celles qui dépendent de nous & qui chargent nôtre conscience. Car que Mr. l'Archevêque s'avise d'y en mettre d'autres & de nous ordonner certaines peines comme il lui plaira , nous les subirons de bon cœur , pourvû qu'elles ne soient point contraires aux loix de Dieu & de la Religion , & que nous n'y ayons d'autre part que de les souffrir , sans consentir à l'injustice qu'il y auroit de nous les imposer ne les ayant pas meritées. Mais je m'étends encore trop , & je sens qu'il est fort vrai que l'on parle aisément de l'abondance de son cœur. Pardonnez-le moi je vousen supplie très-humblement ; & je prie Dieu en même tems qu'il détourne tous les desseins qui sous le pretexte de la paix , ne servent qu'à la troubler.

XIV. LETTRE.

IL nous falloit quelque humiliation & quelque affliction nouvelle pour commencer à celebrer la Passion , & il ne nous en pouvoit arriver de plus sensible que le mécontentement des amis fondé sur le sujet qui en a été cause. La seule chose qui soulage un peu nôtre peine , est que nous croyons qu'ils n'ont pas été bien informez de l'affaire , & que vous avez tous pris une idée de la réponse que nous avons fait faire , differente de la verité. Car il semble par tout ce que l'on nous mande & par ce que portent les projets de Lettre , que nous ayons refusé de recevoir ceux que Mr. l'Archevêque offroit d'envoyer ; & nous avons dit positivement au contraire que nous étions prêtes de parler à ceux qu'il lui plairoit de nous envoyer : seulement nous avons ajoûté que nous ne le pouvions pas faire avec plus d'ouverture & de sincerité que nous l'avions fait à lui-même ; ce qui ne peut pas être pris pour une chose offensante. Nous vous envoyons la copie de ce Billet que nous donnâmes à Mr. l'Exempt ; & jusqu'à ce que vous l'ayez vû, nous esperetons encore que vous ne nous avez condamnées que sur des rapports qui n'étoient pas assez éclaircis. Sur tout nous avons peine à croire que vous puissiez être d'avis, voyant cette réponse que nous avons faite par écrit, qu'il fallut écrire de nouveau à Mr. l'Archevêque pour lui en faire des excuses : car comme nous n'y faisons aucun refus de voir ceux qu'il envoira, la seule chose qui l'a pû choquer , a été que nous témoignions n'être point changées de disposition ; & par consequent nous n'aurions à lui faire des excuses que de cela. Or c'est ce que nous sommes certaines que pas un de vous ne nous conseillera ; & quand bien vous improuveriez que nous eussions fait cette avance , vous ne nous conseillerez pas de faire une plus grande faute pour reparer celle-là , quand même ç'en seroit une d'avoir mandé très-respectueusement à Mr. l'Archevêque une chose qu'au plus tard il auroit apprise par les personnes qu'il auroit envoyez pour s'en informer. Car ce qui nous a donné sujet de le lui dire , est que le Billet qu'il avoit écrit à Mr. l'Exempt & qu'il nous lût , ne disoit pas simplement qu'il nous envoyeroit des Religieux pour nous entendre , mais bien pour apprendre quelles étoient nos dispositions , & selon cela, qu'il leur donneroit pouvoir de nous administrer les Sacremens. N'y ayant donc aucun changement graces à Dieu dans nôtre disposition , il semble que ç'auroit été vouloir un peu tromper Mr. l'Archevêque , de lui répondre simplement que nous aurions beaucoup joye de parler avec ouverture aux personnes qu'il envoiroit , & que ce seroit en quelque sorte se mocquer de lui & lui en faire accroire , de l'engager encore à faire cette levée de bouclier, pour ne dire que la même chose qui le met en colére autant de fois qu'on la lui repete, sur tout quand il a pû avoir quelque ombre d'esperance de nous gagner. De plus il y a ce nous semble toute sorte de sujet de desirer qu'il ne nous engage point à voir ces personnes, quoiqu'avec cela nous demeurons d'accord que ce seroit mal fait de les refuser s'il le vouloit ; mais c'étoit le vouloir bien peu que de nous demander si nous le voulions, & nous commander de faire une réponse précise. C'est le parti que j'ai toûjours pris en mon particulier , tant que j'ai été en prison ; toutes les fois qu'on m'a pressé pour sçavoir si je ne voulois point parler à quelqu'un , j'ai toûjours répondu que n'ayant point d'inquiétude ni de difficultez à consulter , je ne désirois point de donner de la peine à perſonne, mais que je ſerois pourtant toûjours prête d'écoûter ceux qu'il plairoit à Mr. l'Archevêque de m'envoyer. Ce qui m'a fort bien réüſſi à ne voir qui que ce ſoit, dont j'ai remercié Dieu comme d'un grand avantage, & qui m'a ſauvée des faux pas où je me ſerois peut-être encore plus facilement engagée que les autres, n'ayant pas plus de lumiéres, & ayant moins de vertu, ſi j'avois eû affaire à des gens d'accommodement & d'indifference, comme ceux qui ſont cent fois plus dangereux que des emportez.

Il eſt donc vrai que nous avons apprehendé que cette viſite, ou en affoiblît quelques-unes, ou du moins en embaraſſât pluſieurs ; parce qu'il y a beaucoup plus de peine à diſcerner les piéges de ceux qui ne demandent pas tout cruëment la ſignature, mais qui propoſent des voyes moyennes & des accomodemens, qu'à ſouffrir les menaces & les emportemens des autres. Rien n'expoſe davantage à mettre de la diviſion dans la Communauté : car chacune n'ayant pas la même lumiére pour diſcerner ces propoſitions, l'une ſera contente d'une choſe qu'une autre ne voudra pas paſſer ; & ſous pretexte que les unes & les autres ne veulent rien faire contre la verité, dans le fonds on s'en donnera plus de liberté de s'arrêter à ſon jugement & de condamner celui des autres.

Si Dieu nous mettoit par neceſſité dans ce peril, ſans difficulté nous eſpererions en lui & lui abandonnerions l'évenement, avec confiance qu'il nous aſſiſteroit toutes ; mais de faire l'avance de nous-mêmes en témoignant deſirer comme un grand avantage ce que nous regardons comme une grande tentation, nous avons craint qu'il y eût en cela de la temerité, comme certainement il n'y a pas de ſincerité.

Pour ce qui eſt de la diſpoſition de la Communauté, nous n'avons pas fait un pas que de concert. On en aſſembla la plus grande partie pour leur dire ce que mandoit Mr. l'Archevêque, & ſçavoir leur ſentiment ſur la réponſe qu'il y avoit à faire. Toute d'une voix on conclud que cette viſite ſeroit dangereuſe, & qu'il étoit à ſouhaiter de la pouvoir détourner. Pluſieurs vouloient qu'on refuſât nettement de parler à ces perſonnes. Enfin on prit enſemble la reſolution qu'on a executée, mais d'abord on ne la dit que de vive voix à l'Exempt ; & comme il fit ſes difficultez, & Mr. Hilaire les ſiennes, à quoi il falloit répondre, on s'expliqua par neceſſité plus qu'on ne vouloit ; mais par bonheur l'Exempt envoya prier depuis, qu'on mît par écrit la réponſe qu'il devoit faire, ce qui fut favorable pour la rendre plus moderée & plus reſpectueuſe. On la lût à toute la Communauté qui l'approuva en tout, & témoigna en être parfaitement contente, ſinon qu'il y en eut quelqu'une qui trouva à redire de ce qu'on donnoit les mains à recevoir ces Religieux, mais ce ne fut pas en preſence de la Communauté ; ainſi vous pouvez voir par là que pas une n'aura ſujet de ſe plaindre qu'on l'ait privée à ſon inſçû de cette conſolation, ſuppoſé que ç'en fut une.

Quant au ſcandale des amis, nous les avons crûs trop charitables pour en prendre ſujet de ce que des perſonnes affligées, abandonnées, privées de toute conſolation, excepté celle que leur donne le repos de leur conſcience, ont apprehendé raiſonnablement une occaſion qui ne leur a parû propre qu'à le troubler. Et bien que ces perſonnes en ayent un autre ſentiment, je ne doute point qu'elles n'ayent auſſi la juſtice de conſiderer que s'agiſſant d'une choſe qui nous regarde perſonnellement, il n'eſt pas étrange que nous ſoyons plus touchées du ſentiment que nous en avons nous mêmes, & qui eſt fondé ſur beaucoup d'experience de l'embarras où on s'eſt déja vû dans de ſemblables rencontres, que des bonnes eſperances qu'en avoient nos amis, & des diſcours vagues de Mr. Chamillart qui ne ſe trouveroient pas peut-être trop aſſurez ſi on les pouvoit verifier, car ſa conduite & celle de Mr. de..... qui eſt ſa cópie, ne s'y rapportent nullement. De plus je ne penſe pas que vous eſperiez que Mr. l'Archevêque s'adouciſſe quand le Roi s'aigriroit ; & ſelon que l'aſſurent nos Gardes, il l'eſt plus que jamais. Le dernier venu a

conté il y a peu de jours à quelqu'un qui
nous l'a redit, qu'il y avoit un nouveau
Livre contre nous, nous croyons que c'est
le second de Desmarets; que le Roi l'avoit lû
en deux soirées & y avoit pris goût ; qu'il
en étoit fort aigri contre les Jansenistes ;
& qu'il avoit dit qu'il y périroit lui-même,
ou qu'il détruiroit cette nouvelle Religion;
qu'il n'en vouloit qu'une dans son Royaume. Il a ajoûté, que le Roi avoit donné
ce Livre à Mr. de Noailles qui le lui avoit
prêté à lui : il l'avoit ici & le lisoit, mais
il l'a rapporté le dernier voyage qu'il fit à
S. Germain. Un autre Garde a confirmé
que le Roi étoit plus irrité que jamais ;
qu'on lui mettoit dans l'esprit que les Jansenistes formoient un grand parti, mais
qui n'osoit se découvrir pendant son re-
gne, parce qu'ils le voyoient trop puissant ;
qu'ils se gardoient pour les jours de Mr. le
Dauphin ; & que si on ne les prevenoit , il
ne seroit plus tems de s'y opposer alors,
parce qu'il en arriveroit comme de l'Héresie
de Luther & de Calvin. Ce qui est constant est qu'on nous resserre autant que jamais & même davantage. Mr. de Chervil-
le me disoit encore hier qu'il est plus cap-
tif qu'il ne l'a jamais été. Pour tout cela
nous le souffrons de bon cœur ; mais je
vous avoüe que nous serions accablées, s'il
falloit que nos peines fussent augmentées
de celle de sçavoir nos amis mal satisfaits
de nous, & que nous fussions reduites à dire, *Consolantem me quæsivi, & non inveni;*
ce qui est le dernier comble de l'affliction
quand cela regarde des personnes à qui l'on
est plus qu'à soi-même.

Nous avons la Mere Prieure de Paris fort
malade depuis cinq ou six jours ; elle se re-
commande très-humblement aux prières de
tous nos Péres & à celles des amis. Elle dit
qu'elle éprouve l'avantage de nôtre état
par la paix où Dieu la met, & que rien ne
lui fait tant esperer de sa misericorde que
de ce que les hommes n'en ont point pour
nous, dans l'esperance que l'affliction &
l'humiliation qu'ils nous font souffrir sup-
pléront à ce qu'elle n'a pas fait pour Dieu
en un autre temps ; elle vous supplie tous
très-humblement de lui obtenir cette grace.

XV. LETTRE.

JE ne suis pas assurée si je fais bien, mais
je m'assure au moins que vous me par-
donnerez si je fais mal de prendre la liberté de vous parler avec confiance sur ce que
nous avons appris qu'on a dessein de corriger la Traduction du N. T. seulement
pour la rendre plus élegante , & non plus
intelligible ni plus fidéle. Quand il n'y auroit que cela , je vous avoüe que cette fin
nous paroîtroit toute opposée à celle de l'E-
vangile, où Jesus-Christ a volontairement
caché aux sages du monde sa sagesse divine
sous la simplicité de ses paroles ; & que ce
seroit avoir dessein de la déguiser aux pe-
tits à qui il s'est voulu faire connoître, que
d'affecter de donner à ses saintes paroles
cet air d'une éloquence mondaine qu'on
appelle delicatesse de la langue , qui n'est
propre qu'à orner des piéces d'éloquence
seculiere , & que des Chrétiens devroient
peut-être autant mépriser que toutes les autres choses qui appartiennent aux pompes
du monde. N'est-ce donc point humilier la
verité que de chercher autre chose qu'elle ?
Et qu'après l'avoir trouvée dans une traduction très pure , très fidéle & très éclair-
cie, où des personnes dont le caractere &
la vie étoient dignes de cet emploi ont travaillé avec beaucoup de soins & beaucoup
de priéres afin d'attirer la benediction du
Ciel sur leur ouvrage , on ne se contente
point de l'entretien de Jésus-Christ, & des
Maîtres du monde qui nous ont instruits de
ses divins Mystéres, mais qu'on les veüille
assujettir à étudier la delicatesse de nôtre
langue, & qu'on change toute une Traduction sans avoir d'autre but que celui-là ; je
ne croirois point du tout que cela fût permis selon Dieu , & selon la regle de S. Augustin, qui ne souffre pas que l'on cherche
le plaisir , mais seulement que l'on passe
par le plaisir pour satisfaire à la necessité ;
ce que l'on fait dans les Traductions où l'on
ne se sert de l'élegance que pour mieux exprimer le sens des Autheurs , & rendre
plus sensibles à la pieté de ceux qui les li-
sent, les veritez saintes dont ils les instrui-

fent. Mais de fe propofer le moyen pour la fin , & ne chercher plus que cette vanité après avoir trouvé la verité , j'en ferois un étrange fcrupule. Permettez-moi que je vous dife tout ce que je penfe , parce que je fuis affurée que je fuis en cela de vôtre fentiment , & que c'eft autant de vous mê-me que de tous ceux dont nous avons eû le bonheur d'être conduites , & qui nous ont nourries dans les folides maximes de la pieté , que nous avons pris ces fentimens. Je fus frappée d'un paffage que je trouvai dans les Confeffions de S. Auguftin pendant ma prifon , où il met au rang des autres objets de la curiofité des yeux qu'il condamne , la delicateffe de l'art qu'on employe dans les reprefentations de pieté, comme des tableaux & des fculptures où un travail plus mediocre fuffiroit à l'édification de la foi , & le refte n'eft qu'une amorce à cette concupifcence des yeux dont nous devrions avoir un foin continuel de nous deffendre. N'en peut-on pas dire autant de cette vaine pompe de l'éloquence qui eft fi méprifable à ceux qui ont trouvé le tréfor de la fcience du falut qui eft caché dans le champ de l'Evangile ? Et quelle miffion extraordinaire ne faudroit-il point qu'une perfonne eut reçûë de Dieu , pour pouvoir croire que n'ayant ni le caractere ni l'étude de ceux qui ont déja travaillé à cet ouvrage , la feule connoiffance de fa langue naturelle lui donnât droit de reformer un ouvrage de cette importance ? Sur quoi il faut que je vous dife mon fcrupule particulier qui n'eft peut-être pas fi folide que le refte , & cependant il m'incommodera tout-à-fait fi ces corrections paffent. C'eft que je ne crois nullement qu'il foit poffible de changer beaucoup les paroles fans alterer le fens. Car ce ne font pas feulement les termes qui fignifient , c'eft le tour que l'on donne aux paroles qui change quafi imperceptiblement l'idée que donnent les chofes. Or comme c'eft uniquement ce fens de l'Evangile & des Apôtres que l'on cherche pour nourrir le cœur , & que vous avez tous travaillé à découvrir par l'intelligence que vous avez des langues de l'Eglife & en confultant les Inter-

prétes , ce vrai fens que vous nous avez donné dans vôtre traduction , fur quoi je fçai que vous avez employé fouvent plufieurs heures pour trouver tous enfemble des termes qui rendiffent fidellement le fens d'un feul verfet ; & après je pourrois avoir la même créance aux corrections d'un particulier Laïque qui changera ces termes pour en fubftituer d'autres qui lui fembleront plus élegans , fans pouvoir difcerner s'ils font auffi conformes à l'original , parce qu'il n'eft ni Theologien,ni affez habile , ni appellé de Dieu à cet emploi ; cela me feroit impoffible. Ce fera le moyen de nous faire perdre tout le fruit de cet admirable ouvrage , à quoi vous avez bien eû la bonté tous tant que vous êtes de vous appliquer en partie pour nous ; parce que nous n'y aurons plus la même confiance , & qu'il fe trouvera qu'au lieu de nous pouvoir réjoüir de la lumiere que nous y trouverons , elle nous deviendra fufpecte , de peur que ce ne foit une lueur d'éloquence qui nous trompe & qui foit moins fidéle que l'obfcurité du texte Latin que j'aimerois encore mieux ne point entendre , que d'entendre autre chofe qu'il ne veut peut-être pas dire. Tout dépend de vous dans cette occafion. C'eft pourquoi ne trouvez pas s'il vous plaît mauvais que nous vous follicitions tout le mieux qu'il nous eft poffible , afin qu'on ne diminuë point la valeur du prefent que vous nous avez fait , & à toute l'Eglife. Je me fouviens que le predeceffeur de celui qui a pris fa place dans l'eftime de Mr. de Rouannez , je dis feu M. P. recommandoit fort une parole du Sage : *Noli effe humilis in fapientiâ tuâ.* Elle vous feroit fort propre, & il n'en avoit pas tant de befoin. Car certainement je ne crois pas qu'il foit jufte que vous vous humilyiés & tous ceux qui ont travaillé avec vous avec tant de fageffe , pour fuivre un particulier qui n'aura nulle autorité fur l'efprit de ceux qui trouveroient auffi à corriger dans fes corrections. Car qui n'aura pas autant de droit qu'un Laïque de trouver à redire en des expreffions qui auront moins d'air de pieté & moins de gravité , qu'il en aura eû de reprendre des termes qui ne lui-

ſembloient pas aſſez élégans ? au lieu qu'il n'y aura perſonne de raiſonnable qui ne reſpecte vôtre ouvrage, & qui ne croie ſur l'eſtime de la ſuffiſance extraordinaire de ceux qui y ont travaillé, qu'il n'y peut rien avoir à ajoûter à leur travail. Je dis encore qu'à regarder les choſes ſelon ces principes, j'apprehenderois que ce deſſein ne fût capable de détourner toute la benediction de l'eſprit de Dieu, ſans quoi la lettre tuë dans l'Ecriture même. Car ſi c'eſt l'eſprit du monde qui ſe mêle dans cet ouvrage de Dieu, le St. Eſprit qui condamne ce mélange, ſe retirera; & s'il ne repoſe plus ſur ces eaux ſacrées que vous avez taché de raſſembler toutes pures dans vôtre traduction, elles n'auront plus la fecondité que lui ſeul leur donne pour repandre la grace & la vie dans les ames qui y cherchent la verité. J'apprehende même que cela n'en faſſe tarir la ſource; car qui ſera-ce qui pourra donner ſa peine & ſon tems à traduire la ſainte Ecriture, ſi on en devoit faire le même uſage; ce qui ſe pourroit appeller prophaner ce qui a été fait ſi ſaintement & ce qui eſt tout conſacré par ſoi même. Cela reſſemble à la pieté des devotions du tems, où l'on croit fort honorer Jeſus-Chriſt de parer ſes Autels & le Soleil où l'on expoſe le St. Sacrement, des mêmes pierreries empruntées dont ſe parent les Idoles de la vanité; comme s'il aimoit ſi fort ces vains ornemens qu'il nous commande de haïr, qu'il prît plaiſir d'avoir au moins paſſagerement ce que des femmes du monde poſſedent en proprieté, & dont la poſſeſſion leur eſt ſouvent criminelle. Cette ſorte d'éloquence ſeculiere n'honore pas d'avantage l'Evangile; & je crois qu'il faut appliquer aux traductions, la regle que feu Mr. de ſaint Cyran nous a donnée pour les Livres, de choiſir toûjours plûtôt ceux dont les Auteurs ſont ſaints. J'eſpere que Dieu mettra quelque jour en ce rang les trois principaux Traducteurs de cette nouvelle verſion du nouveau Teſtament; celui qui en a creuſé les fondemens, ayant renouvellé dans l'Egliſe par ſon exemple la penitence que l'Evangile nous prêche; le ſecond qui a élevé tout l'édifice, le cimente & l'affermit par ſes liens; & vous qui y avez mis le comble, deffendrez avec la grace de Dieu juſqu'à la mort ces veritez éternelles qui ne s'accommodent point au tems, mais qui délivrent en tous les tems céux qui n'aiment que les biens de l'éternité & ne craignent point les maux du monde. Je vous conjure donc au nom de nous toutes, mon très cher Pere, & au nom de Nôtre Seigneur Jeſus-Chriſt, de nous conſerver cette ſource toute pure comme vous nous l'avez donnée, & d'arrêter ce deſſein d'une nouvelle édition differente de la premiére qui aſſurément ne ſeroit point un bon effet, & diminueroit beaucoup l'eſtime qu'on auroit fait d'un ouvrage qui n'aura pas ſitôt parû qu'on l'auroit jugé imparfait & digne d'une correction preſque univerſelle. Et à qui même attribuer cette correction, qu'on ne pourra pas donner à celui qui paſſe pour le principal Auteur de l'Ouvrage, parce qu'il n'eſt pas en état de s'y être employé; & quand il n'y auroit que cette ſeule raiſon, je ne crois pas que la charité & la juſtice pût ſouffrir qu'on traitât avec ce mépris non ſeulement un Priſonnier de Jeſus-Chriſt, mais un ami tel qu'il fût, de diſpoſer ſans lui & en ſon abſence de ſon ouvrage en cette maniere là : ce qui ſeroit un procedé que les gens du monde même condamneroient, & que ſans doute vous ne ſouffrirez jamais.

XVI. LETTRE.

JE vous demande très-humblement vos priéres, afin que Dieu m'augmente la foi qui eſt le fondement de la patience. Car c'eſt ſur tout dans ces derniers temps que les vertus ſeront neceſſaires, puis que la perſecution ſera plus grande qu'elle n'a jamais été dans l'Egliſe, & que Dieu ſe cachera davantage, & ne ſera plus éclater tant de ſignes & de merveilles qui ſervoient à fortifier la Foi dans les premiers ſiécles. Ce n'eſt pas que quand il lui plaît de nous donner ces yeux inviſibles par leſquels on peut voir le S. Eſprit & ſes operations dans les ames, on n'y apperçoive encore des miracles plus grands que ceuxqui frappoient autrefois les yeux des Infidelles : mais comme cette lumiere ne vient pas de nous , & qu'elle luit au deſſus de nous , il ne faut pàs grand choſe pour nous la cacher ; & je n'ai toûjours que trop d'orgnëil ſans toutes mes autres foibleſſes , pour y former un nuage capable d'obſcurcir par un châtiment de Dieu tout ce qu'il m'a donné de connoiſſance & d'amour pour ſa verité. Il n'y a que cela qui me puiſſe faire apprehender les diſperſions , les priſons , & tout le reſte que je trouve qui ſeroient des avantages fort à deſirer , pourvû que l'on fût aſſurées que la lampe de Dieu y éclaireroit toûjours ſur nôtre tête : mais peſonne n'a cette aſſurance ; & qui doit plus craindre que moi , puiſqu'il n'y a que les plus humbles qui ſoient les plus forts, & que je ne la ſuis point du tout ? Je me crains donc en effet ; mais je ne crains pas beaucoup les choſes en particulier , parce que je me crains par tout , & que de quelque côté qu'elles tournent, ſi Dieu ne m'aide , tout me nuira , & s'il eſt avec moi , toutes choſes me ſeront utiles.

En verité c'eſt pourtant une belle choſe que l'état où nous ſommes , ſi nous repondions bien à la grace que Dieu nous fait d'être comme nous voila , environnées des Miniſtres de la juſtice & enfermées de toutes parts ſans que perſonne puiſſe avoir accez à nous , quoique tout le monde nous regarde. Nous n'attendons plus qu'un dernier ſupplice dont on délibere de ſçavoir ſi ce ſera la diſperſion , la ſeparation , Fontevrauld , ou une Abbeſſe ; nous n'en ſçavons rien , mais il faut être prêtes à tout. Et cela pourroit nous faire reſſembler un peu à ces Martyrs condamnez aux bêtes , qui ſont expoſez au milieu de l'amphitheatre pendant qu'on lâche les Ours & les Lions contr'eux , & qui n'ont qu'à attendre lequel ce ſera qui ſe viendra jetter ſur eux & les mangera. Cependant quoi que ce peril paroiſſe ſi grand & ſi preſent , Dieu nous en peut délivrer avant qu'aucun de ces maux nous approche ; temoin qu'en voilà une de nous échappée depuis que je commençai avant-hier d'écrire ceci. C'eſt nôtre bonne ancienne, M. Cath. de S. Paul Goulas qui a achevé ſon long voyage de 82. ans , & eſt arrivée heureuſement au port , ſur le point que la tempête s'alloit renouveller , & après avoir échappé d'un naufrafrage qui ne lui a , je crois , rien fait perdre de tout ce qu'elle avoit gagné auparavant , parce qu'elle y a acquis encore plus d'humilité ; & rien n'a jamais été plus édifiant que la douleur & les larmes avec leſquelles elle a toûjours parlé de cette faute en toutes occaſions & devant toutes ſortes de perſonnes, depuis plus de deux ans qu'elle eſt ici & juſqu'aux dernieres heures de ſa vie. Car hier au matin , quand on lui donna le cierge beni & que l'on lui mit en même tems à la main ſa retractation, comme elle nous l'avoit recommandé expreſſément il y a quelques jours , on lui dit que ce cierge allumé étoit le ſymbole de ſa foi que Dieu lui faiſoit la grace d'avoir conſervée vive & ardente juſqu'à ſa derniere heure , & que ce papier ſeroit la marque de ſa douleur & de ſon regret de la faute qu'elle avoit tant pleurée , afin que ſon ennemi n'eut rien à lui reprocher ſur cela. Cette bonne Mere , qui ne voyoit plus & qui ne pouvoit déja preſque plus ſe faire entendre, n'ayant pas la force de parler, ſe mit à frapper pluſieurs fois ſa poitrine pour exprimer encore par là ſon reſſentiment ; & elle fit la même choſe encore enſuite , quand nous recitions le *Miſerere* auprès d'elle, à ces paroles *Tibi ſoli peccavi.* Elle nous laiſſe toutes comblées d'édification & en même tems d'admiration ſur la conduite de Dieu ſur les perits de ſon troupeau. Car on voit la providence dans toutes les circonſtances qui ont precedé & accompagné cette heureuſe mort. Et quelque apprehenſion qu'elle eût toûjours euë de mourir au commencement de cette maladie qui a duré près de quatre mois; depuis ce que je vous écrivis d'elle il y a quelque tems , qui lui fit dire à l'heure même *Nunc dimittis* , ſa crainte s'eſt changée en deſir , & elle n'a plus ſouhaité que d'aller à Dieu , juſqu'à ſe réjouir à meſure qu'elle voyoit venir tous les accidens qui font juger que la mort s'approche ; & la derniere priére qu'on lui entendit encore prononcer intelligiblement hier au matin fut, *Veni Domine & noli tardare.* Les trois ou quatre dernieres heures, elle s'assoupit & ne parla plus, quoiqu'elle donnât encore une fois quelques marques qu'elle entendoit. Elle mourut sur les quatre heures du soir, & nous l'enterrerons tantôt à la même heure. Il faut que je vous envoye la copie de sa Retractation & l'attestation qu'elle nous fit signer Jeudi, afin de l'emporter avec elle, & que nous fussions ses témoins dés à present devant Dieu, & quand il lui plaira devant l'Eglise, de la penitence qu'elle a faite de sa signature, & de la consolation qu'elle avoit de mourir dans la souffrance pour la verité. C'est cela après tout, qui console & qui fortifie plus que des miracles. Et en effet l'Eglise a été plus affermie par la mort des Apôtres & des Martirs, que par leurs predications & leurs miracles. C'est pourquoi dans la verité, nôtre foi trouve un plus grand soutien dans ces effets si sensibles de la grace de Jesus-Christ, qui paroissent en ces ames si innocentes & si pures; & l'admirable paix qu'il leur donne, qui est une marque de la bonne conscience, devroit convaincre tous ceux qui ne sçauroient prouver que nous soyons criminelles, qu'en supposant que ce n'est pas la conscience, mais des interêts humains qui nous empêchent de leur obéir. Car ils nous séparent en deux classes, comme fait Mr. Chamillart, en voulant que les unes trompent, & que les autres soient trompées. Il faudra donc qu'ils s'avoüent eux-mêmes coupables d'un horrible crime, de mettre des ames simples & innocentes, qui agissent de bonne foi & par conscience en un point qui ne touche pas la foi & qui est de nulle importance en soi, au même rang qu'on pourroit mettre les plus scelerats qui sont rejettez de Dieu & de l'Eglise. Car ce sont celles là qui éprouvent les premieres la rigueur d'une conduite si violente & si injuste; ni Mr. de Paris ni Mr. Chamillart ne pouvant dire qu'ils ne croyent pas en leur conscience, que ma Sœur Françoise Lutgarde, ni ma Sœur Ant. de S. Augustin & cette bonne ancienne, ne fussent des Filles entierement exemptes de tout soupçon d'orgueil, de propre sens, &

d'attachement de parti en cette affaire, où le seul amour de la justice, l'estime de la bonne conduite qu'elles ont toûjours vûë dans les personnes que l'on persecute, & la crainte d'offenser Dieu les a pû rendre si fermes, qu'elles ne se sont pas même troublées du traitement inoüi & de l'abandon sans exemple où on les a laissé mourir. Il ne faut qu'avoir un peu de patience; le Procez sera bientôt jugé. *Stabunt justi in magnâ constantiâ adversus eos qui se angustiaverunt.* J'en tremble déja pour ceux qui auront à se deffendre devant ce Tribunal, où ils auront de tels accusateurs qui ne seront plus meprisables par leur foiblesse, mais qui seront redoutables par leur justice & par la protection du Dieu de la verité qui sera le Juge de leur cause.

Je vous fais excuse de m'être trop étendûë; mais on a assez de peine à se taire sur d'aussi grands sujet & qui touchent autant que ceux-là. D'autres vous feront l'histoire d'un nouvel évenement & aussi signalé qu'il y en ait encore eû. Car je ne pense pas que l'on ait encore guére vû un Archevêque faire rompre les portes de la clotûre des Religieuses par des Archers, pour s'en emparer comme d'une place de guerre. Car pour le nom du Roi qu'il emprunte, il ne trompe personne. Le bien qui arrivera de ce mal, c'est qu'il separera le bon grain de l'ivraye, & qu'on le resserrera bien enfermé dans le grenier : c'est-à-dire que nous n'entrerons plus dans nos jardins, après que la clotûre en a été violée par un aussi grand attentat. Cela nous fera souffrir pour la santé; mais l'esprit de la plûpart de nous souffroit encore davantage, de ce qu'on s'étoit relâché à prendre la liberté d'aller se promener en un lieu qui n'étoit plus de clotûre, étant jour & nuit en la disposition des Gens de Guerre. Je ne sçais comment on avoit donné là-dedans, car il semble que beaucoup de grandes raisons en devoient empêcher. Cependant on ne sçavoit plus comment s'en relever, car plusieurs avoient été choquées que l'on leur eût retranché ce divertissement. Nous étions quelques-unes qui avions entrepris de prier Dieu pour cela,

&

& il l'a fait réussir en une manière que nous ne nous serions pas avisées de demander. C'est une preuve qu'il exauce nos demandes justes, mais que ce n'en seroit pas une juste de demander à moins souffrir. Priez-le donc s'il vous plaît, qu'il nous fasse la grace de bien souffrir, & ce sera la plus grande de toutes. Voilà le Service qui sonne où je m'en vas. Il n'est pas besoin de recommander à vos priéres vôtre bonne Mere : je suis assurée que vous lui donnerez part à vos Sts. Sacrifices, & elle s'est bien attenduë que vous lui feriez tous cette grace, & que vous la lui procureriez auprès de tous les amis de la verité, comme nous vous en supplions très-humblement pour elle.

XVII. LETTRE.

IL m'ennuyoit que je n'eusse une occasion de me jetter à vos pieds en esprit, pour vous demander très-humblement vôtre benediction à ce commencement d'année, *Quæ in eâ ventura sunt nobis ignorans*, sinon que toutes les apparences nous font croire que Dieu nous y prepare de nouvelles souffrances & de plus grandes tentations, contre lesquelles il se faut armer de bonne heure. C'est pour ce sujet que nous avons un extrême besoin de vos priéres, pour entrer dès à present dans l'exercice de ces armes spirituelles & apprendre à les manier ; car je croi qu'il arrive de celles-là aussi-bien que de celles de Saül, que quand on ne s'est pas accoûtumé à les porter avant le tems du combat, on s'en sent fort chargé & fort embarrassé en une grande occasion où elles seroient necessaires, & l'on dit dans le cœur comme David, *Non habeo usum*, ce qui est une parole d'affoiblissement en ces rencontres, au lieu que ç'en étoit une de courage & de confiance en la bouche de ce S. Prophête. J'espere donc, mon Pere, que vous nous obtiendrez de Dieu que sa grace nous revête de ces armes invisibles. Mais outre cela, je vous demande très-humblement comme l'année passée, quelque chose de sensible qui soit la marque de la benediction que vous nous donnez à toutes, c'est-à dire quelque petit mot d'instruction ou de consolation que Dieu vous mettra dans le cœur pour nous, en si peu de lignes qu'il vous plaira. Cela fait plus de bien que vous ne pensez ; & sur tout cette année où nous sommes au hazard de voyager, vous ne sçauriez vous imaginer combien une marque de Communion comme celle-là, est un bon Viatique, & la consolation que l'on ressent de voir de ses yeux ces gages sensibles de la charité des personnes de qui on n'espere presque plus entendre jamais parler. Et effet Dieu a souvent détourné ou suspendu de si grandes menaces. Neanmoins je me trouve toûjours bien de m'attendre à tout, & d'attendre Dieu pour toutes choses sans le prevenir. Je dis déja ceci par avance sur le sujet de la proposition dont on nous a parlé, & pour laquelle on a trouvé à propos que je vous écrivisse, parce que vous desiriez d'en sçavoir nôtre sentiment. On n'en a parlé qu'à 923. & à 250. & on le fera à d'autres si vous le trouvez à propos. Mais je crois vous pouvoir dire par avance, qu'on les trouvera toutes dans le même sentiment de laisser plûtôt faire Dieu, que de se mettre au hazard de le prevenir en voulant procurer une fin aux affaires avant que son heure soit venuë. Si j'écoûtois mon inclination particuliére, je serois peut-être tentée de le souhaiter pour être dans un état fixe & humble, où il n'y eut plus rien à faire qu'à souffrir l'oppression dans le silence. Cet état a son avantage, mais il a aussi ses perils ; & je ne sçais pas si moi, ni beaucoup d'autres aurions la force de le porter. Quand Dieu nous y reduira neanmoins par lui-même, j'espererai de tout mon cœur que sa grace nous y soutiendra : mais si nous nous l'étions attiré par quelque avance temeraire, j'en aurois toûjours du scrupule, & j'apprehenderois qu'il ne marchât plus avec nous, parce que nous aurions voulu marcher devant lui. C'est tellement le sentiment des deux autres que je vous ai nommées, qu'elles ne me répondirent quand je leur fis le rapport de ce qu'on m'avoit dit, que par les paroles de Jesus-Christ : *Nonessi ve-*

strum noffe **tempora vel momenta**, pour dire qu'elles ne croyent point qu'il nous appartienne de rien remuer pour mettre fin aux chofes, ne fçachant pas s'il eft tems qu'elles finiffent, & fi le moment de Dieu eft arrivé. Mais quand il n'y auroit pas de difficulté en ce point, dans quelles difficultez ne s'embarrafferoit-on point pour l'execution de ce projet? Où trouver des perfonnes qui ayent également de la fermeté & de la lumiére, pour n'engager point en de facheufes propofitions dont le refus nous mettroit en pire condition que nous ne fommes. Il faudroit une grande Pentecôte pour les rendre capables de fe mettre audeffus de toutes les vûës politiques & ne prononcer que pour l'équité. Que s'il n'y a pas d'apparence de l'efperer, il femble qu'il n'y en ait guére non plus de fe remuer pour hâter peut-être la fin d'une affaire que les ennemis fouhaitent plus que nous, & dont ils nous auroient obligation de leur avoir ouvert le moyen qu'ils n'ont encore pû trouver.

Au refte en l'état où font les chofes prefentement, nous aurions doublement tort; car rien ne nous preffe, & je dirois quafi que nous ne fçaurions être mieux que nous fommes, fi on nous laiffoit ainfi à couvert & en repos jufqu'à ce que l'iniquité foit paffée, & qu'on ne fît pas de nouveaux renverfemens. Tout le monde eft content, tout le monde eft uni. On demeure d'accord que le temps eft fort propre à travailler à nôtre propre avancement, & que rien ne nous manque pour cela, puifque les chofes même dont on nous prive, nous deviennent un mérite pour obtenir de Dieu la grace que nous aurions efperé recevoir par ces moyens-là en un autre tems. On vit dans l'union, on meurt dans la paix; & ainfi on ne voit pas bien pourquoi fe difpenfer du precepte du faint Efprit : *Suftine fuftentationes Dei. Conjungere Deo & fuftine*, puifque les retardemens ont de fi grandes raifons dans fa conduite, & que nôtre précipitation qui fe rencontre d'ordinaire avec l'ignorance de fa volonté, nous peut expofer à de grands perils. Voilà quels font nos fentimens fi vous ne nous donnez d'autres lumiéres; & nous y ajoûterions de bon cœur une très-humble priére, que vous n'engageaffiez point cette propofition qui ne fçauroit réüffir dans le peu de difpofition qui y paroît de toutes parts.

XVIII. LETTRE.

NOus avons vû la Requête, mais feulement entre nous trois, quoique nous ayons mis en delibération fi nous ne la montrerions point à A. & à quelques autres. Mais ce qui nous a retenuës eft que certainement elles en auroient été étrangement allarmées & furprifes, ce qu'il eft peut-être à propos de leur épargner jufqu'à ce que l'on ait une réponfe des Monts, d'où j'efpere qu'il nous viendra du fecours; & fi l'avis de ce païs alloit à la fupprimer tout à fait, il ne ferviroit de rien d'avoir donné de la peine par avance à A. Car enfin quand on feroit S. Pierre, on fe contenteroit qu'un autre nous ceignît & nous menât où nous ne voudrions pas aller : mais que ce foit nous-mêmes qui allions audevant, pour preffer qu'on nous expedie & qu'on aboliffe nôtre Maifon fi on le peut, c'eft un grand deffein, & je ne vous répond pas que vous trouvaffiez autant de Filles que d'Arbitres qui fuffent de cet avis; ou bien s'il en faut être, il faudra commencer par nous inftruire des raifons qui nous obligent à cela; car s'il y en a de bonnes, on fe laiffe perfuader à la verité quand on la connoît. Je comprends déja à peu près que fi cette propofition de nous obliger à choifir des Juges, venoit de nos Parties, & non de nous, nous férions peut-être obligées à l'accepter, puifque c'eft l'ordre de l'Eglife & que ce feroit une jufte prefomption que nous aurions mauvais droit, fi nous refufions tout jugement. Mais en eft-il de même pour en faire foi-même les avances? Je laiffe à part tous les avantages qu'on efpere tirer de la propofition & du refus qu'on fe promet qu'on en fera. Je le veux bien croire; mais on n'en a point d'affurance, & la chofe eft bien importante pour la hazarder. Qui sçait si le Diable qui est plus rusé que le Pere Annat, ne se servira point de cette occasion pour lui mettre dans la tête, que voilà un beau moyen pour nous tendre de nouveaux piéges, & que quand nous aurons choisi des Juges, il faudra ou que nous en passions par tout ce qu'ils voudront exiger de nous, ou que nôtre conduite passe pour une opiniâtreté manifeste au jugement de tout le monde. Et où trouvera-t'on des Juges qui soient à l'épreuve non seulement de tous les interêts, mais aussi de toutes les opinions humaines qui sont si differentes sur ce sujet, que chacun regarde cette affaire comme il lui plaît. Temoin que celui qui seroit le premier de ces Juges par sa dignité & qui témoigne tant d'affection, la traittoit de la plus grande bagatelle du monde. Je le dis encore qu'il faudroit avoir affaire à saint Hilaire ou à saint Athanase, pour être en repos sur une telle négociation. Ce que j'y trouve de facheux, c'est que cette conclusion d'affaire ne finiroit pas la tentation où expose nôtre état ; elle la rendroit au contraire encore plus rude. Car après que la Maison est détruite, les personnes ne sont pas mortes ; & quelque part qu'elles vivent, elles sont exposées à leur propre fragilité & à l'ennui d'un traitement bien fort qu'il faudroit souffrir toute sa vie. Si la fin de la Requête alloit à demander que l'on jugeât nôtre Procez, & qu'on nous coupât la tête si nous sommes criminelles, cela termineroit réellement une affaire & nous tireroit de tout peril. Mais pour n'y rien gagner, il vaut peut-être bien autant attendre qu'on vienne à nous pour nous laisser prendre, comme Jesus-Christ nous en a donné l'exemple, qui ne s'est presenté à ceux qui le cherchoient que quand il les a vû tout proches, & le dessein tout formé de l'arrêter.

Il y auroit aussi un endroit à reformer dans la Requête, où l'on dit que l'on ne nous auroit pas permis de donner nos moyens d'abus au Commissaire nommé dans l'Arrêt. Il est vrai que nous ne l'aurions pû faire, parce qu'il nous eut fallu du conseil qu'on nous refusoit ; mais Mr. de

S. Laurent nous a toûjours offert de faire tenir, soit au Roi, soit aux Juges qu'il nous donnoit, tout ce qui concernoit cette affaire.

Il y a bien du plaisir à laisser faire Dieu, car on est assuré qu'il fait tout bien : mais on tremble quand on entreprend quelque chose de soi-même, de peur de sortir du chemin sans s'en appercevoir.

XIX. LETTRE.

JE ne sçais ce que c'est qu'une Requête dont on parle, où vôtre nom doit paroître à ce que nous a dit Mademoiselle Tonis. Cela me fait peur en deux maniéres : car si c'est quelque chose de bien fort, cette hardiesse fera enrager davantage ceux qui vous en veulent, & ils peuvent tant, qu'on a peine à s'empêcher de les craindre un peu. Que si c'étoit le contraire, & que ce fut pour tenter quelque accommodement, il n'y en a point qui ne soit ruineux dans toutes les circonstances de l'état de cette affaire, & on l'a déja trop éprouvé. Mais sur tout je les apprehende à un point que je ne puis dire, lorsqu'il s'agit de vous y engager personnellement ; puisqu'il me semble qu'on ne peut faire en ce point de petites fautes, & que les moindres sont irreparables. On nous lisoit ces jours-ci la consideration de S. Athanase, & naturellement tout le monde vous applique ce que Mr. de S. Cyran dit de lui, dont je vous envoye l'extrait. Dès ce jour là, la Mere Prieure me pressoit de vous l'envoyer, & je ne m'en hâtois pas, parce que vous l'avez vû sans doute bien des fois. Mais quand nous avons commencé de nous allarmer sur ce dessein de Requête, ne sçachant de quoi il s'agit, la peur de quelque dangereuse négotiation nous a fait souvenir de cette pensée de Mr. de S. Cyran. Et au nom de Dieu pardonnez-moi la liberté que je prens d'oser vous supplier que vôtre humilité ne vous trompe pas, & qu'elle ne vous empêche point de reconnoître que vous avez ce rapport avec ce grand Saint, que dans l'affaire presente vous portez toute l'Eglise comme lui ; en forte que vous n'y fçauriez faire un faux pas, que vous ne hazardiez tout, & que vous ne pouvez fi peu relacher, que vous n'expofiez tous les autres à une horrible tentation. Je ne fçais fi c'eft de vous ou de nous dont il s'agit, car je ne parle que fur des foupçons & par conjectures. Néanmoins je me tiens comme affurée que fi l'affaire nous regardoit, vous ne l'avanceriez pas fans nous ; car vous fçavez affez nos difficultez qui ne changent point fur cet article. Et dorénavant la paix de nôtre confcience dépend fi fort du refus de toute fignature, que nous nous comptons pour mortes à cet égard ; puifque quoi qu'on nous faffe, nous craignons moins tout ce qu'on peut nous faire fouffrir, que les troubles d'efprit où l'on fe jette quand on recommence ces malheureufes propofitions de fignature telles qu'elles puiffent être. On ne nous dit plus rien de l'affaire des Evêques : n'y fait-on rien ? & celui qui eft venu à Paris, s'y porte-t'il auffi bien que dans fa Province ? car fouvent l'air de la Cour eft préjudiciable à la fanté des Evêques, & les plus faints l'ont apprehendé. Je penfe que ces étoiles qui demeurent toûjours à leur place, & y continuent leur cours, combattent plus utilement contre Sizara que ceux qui quittent l'une & l'autre, quoique dans le deffein de contribuer à la même guerre. Ils font tous loüables dans leurs intentions ; mais quoiqu'on ait fuivi l'étoile quand on s'eft mis en chemin, on la peut perdre de vûë en entrant dans une Ville où la politique & l'ambition regnent comme dans leur thrône. Dieu veuille les en preferver, & tirer fa gloire de ce grand ouvrage que fa grace a commencé par leurs mains. Je vous donne très-humblement le bon-jour. Tout le monde vous falue très-humblement ; & je vous demande en mon particulier & pour le commun vôtre benediction.

XX. LETTRE.

Ce 17. May 1668.

IL faut être Pere comme vous êtes, pour avoir cette bonté fi tendre, qu'elle a pitié de toutes les peines de fes enfans, foit que le fondement en foit grand ou leger. Il fuffit que nous n'ayons pas la force de les porter feules, pour ofer prendre la liberté de vous les dire fans apprehender que vous en foyez bleffé. Mais je vous demande très-humblement que ce foit fi fort à vous tout feul, que perfonne ne fçache même que vous avez reçû de nos Lettres. Car je vois bien que nous fommes en un mauvais tems & de mauvais jours ; c'eft pourquoi il faut marcher avec prudence. Il me femble même que vous en ufez fort envers nous : car Madame Donis nous a paru fi refervée à nous parler fur cette affaire, qu'il n'eft pas difficile de juger que le manquement de confiance ne pouvant venir de fa part, ce ne peut être que le fecret d'autrui qu'elle ménage, elle même n'en ayant point pour nous. Je ne doute pas que vous ne vouliez par là nous épargner de la peine ; mais s'il y a fujet d'en avoir, on n'en guerit pas pour l'ignorer. Et pour vous parler de l'abondance de mon cœur, rien ne fera capable de guerir la mienne quand je faurai que vous faites un pas que vous n'aviez point fait jufqu'ici, & qui n'eft point fort affuré, puifque plufieurs de ceux qui aiment la verité apprehenderoient de le faire. Et il eft principalement étrange qu'une auffi grande affaire & qui peut avoir de fi grandes fuites, foit menée fi vîte, qu'elle foit prefque achevée avant que d'avoir été deliberée entre tous ceux qui y ont interêt, & qu'on n'ait pas le tems de la recommander à Dieu comme elle meriteroit de l'être. N'y a-t'il point moyen au moins de la fufpendre, & d'attendre dans la prière que le S. Efprit ait répandu fur vôtre affemblée l'efprit de confeil & de force pendant fon Octave, pour s'affurer un peu davantage s'il eft auteur d'une telle avance, & s'il nous appelle à la paix ou à la guerre, ou.

plûtôt s'il faut qu'une idée de paix que nous sçavons très-bien que nos ennemis ne souffriront jamais qu'on concluë , & qu'ils ne nous font pas seulement esperer, puisque tout s'aigrit de jour en jour , fasse faire des offres que vous auriez refusées autrefois quand les choses y paroissoient mieux disposées. Je ne sçais pas comment j'ai compris les choses jusqu'ici : mais je m'étois toûjours tenuë assurée que si l'on conseilloit les signatures avec restriction , ce n'étoit qu'à des personnes qu'on ne croyoit pas assez fortes pour les refuser tout-à-fait ; & que sur tout pour des Docteurs , & principalement ceux qui ont eû part à la deffense de la verité & du Livre de Monsieur d'Ypre , ils ne le devoient jamais faire , ayant assez d'autres voïes pour éclaircir l'Eglise de leurs sentimens sur le sujet des cinq Propositions , sans être obligez de donner leur nom à cette invention malicieuse qu'ils ont fait voir plus clair que le jour , qui n'est qu'une machine dressée artificieusement pour détruire la veritable Doctrine de la grace , & qui auroit réüssi selon le dessein de ses Auteurs , s'ils pouvoient dire un jour que quelque resistance qu'on y ait fait d'abord , & par quelque foule d'écrits qu'on l'ait combattu , l'autorité de l'Eglise a enfin prévalu & contraint les plus forts à souscrire , sans quoi ils auroient été regardez comme heretiques , retranchez de l'Eglise, &c. Il ne s'en faudroit qu'une omission de ces deux mots (avec restriction) que cela ne fût veritable ; & qui peut douter que cela ne portât un très grand prejudice à la verité , au moins dans l'esprit d'un très grand nombre de personnes qui ne pourroient point s'informer du détail, sur tout s'il étoit vrai qu'on eut eû quelque sorte de paix ou de treve par cette voïe ? Car la suite d'un accommodement où l'on feroit entré de la sorte , emporteroit sans doute la promesse de se taire sur le fait de peur de rallumer la dispute ; & pendant ce silence de la verité , la voix du mensonge se feroit entendre par toute la terre , & la mort nous pourroit surprendre avant que nous eus-

sions trouvé l'occasion de confesser Dieu & de délivrer la verité de cette captivité qui lui est si injurieuse. Il y a bien de la difference entre vous & un autre Docteur en cette affaire , & entre un Docteur & une simple Religieuse comme moi. Je la comprens fort bien ; mais avec cela je vous découvre mon cœur. Vous avez sçû la repugnance que j'ai euë a nôtre signature. Vôtre autorité & vos raisons me surmonterent enfin. Néanmoins ce ne fut pas toutes seules , & je n'aurois pas pû m'y resoudre , si je n'avois eû par dessus cela une forte esperance & comme une assurance que la persecution n'en diminueroit pas , & qu'elle nous donneroit lieu de faire paroître si publiquement par nos souffrances nos veritables sentimens , que la calomnie ne se pourroit jamais servir de nos signatures pour les obscurcir. C'est pourquoi encore à present je mettrois une très grande difference entre la signature qu'on nous demandoit en ce tems-là , qui pouvoit alors passer pour une simple déclaration que nous n'étions prévenuës d'aucune erreur , & qui ainsi n'avoit pour objet que la justification de nôtre foi , & celle que l'on nous pourroit demander à l'avenir comme une condition d'accommodement , sur tout si ensuite on nous donnoit la paix ; puisqu'il seroit visible alors , qu'on la voudroit compter comme une nouvelle démarche que l'on nous a fait faire , & que sçachant cela , je ne croirois nullement être en bonne conscience d'avoir contribué à cette espece de déguisement & de scandale. Je sors du sujet , car peut-être qu'il ne s'agit pas encore de nous en ce qui se passe , bien que nous soyons déja jugées & condamnées du moment que vous aurez promis ce que nous ne pourrions tenir. Car enfin Mon Pere , y avez-vous bien pensé en si peu de tems ? Et que ferez vous par une telle promesse , s'il faut que quelques-uns de vos amis ne vous puissent suivre ? Y eut-il jamais un pareil scandale pour les foibles & peut-être pour les forts ? Car il faut que vous passiez pour les avoir tous condamnez , si étant plus engagé qu'eux tous à foûtenir , vous lâchez ce qu'ils ne peuvent accorder. Vous tenez-vous affuré des fentimens des Tours ? Permettez-moi que je vous le demande ; on y feroit bien changé , fi l'on donnoit les mains à cela. Et cependant s'il ne peut faire ce que vous promettez pour tous , en quel état le reduiton ? car c'eſt achever ſon procez. Helas ce ne feroit pas un mal , mais ce feroit au contraire une trop grande grace , s'il falloit perdre la vie pour une fi bonne cauſe. Mais s'il faut mourir , mourons tous enſemble , & qu'on ne voïe point entre les perſonnes que la charité & la verité a unies , une eſpece de diviſion qui feroit plus rude à ſupporter que la mort. J'ai bien peur de parler trop librement & inutilement. Je vous demande pardon de tout mon cœur du premier : mais je voudrois bien au moins que nos très-humbles priéres envers vous, nous obtinſſent du tems pour pouvoir prier Dieu avant que de terminer fi à la hâte une affaire de fi grande conſequence. Vous auriez le tems de rallier les ſentimens de tous les amis de la verité ; & ſouvent on a d'autres lumieres en repenfant plus à loiſir à une affaire qui met toutes les perſonnes d'accord & en état d'agir de concert , ce qui eſt d'une grande importance en de telles occaſions. Nous avons déliberé fi nous oſerions encore vous rebattre les oreilles de nos apprehenſions : mais dans le doute , je vous declare que c'eſt toûjours le parti que je prendrai que de vous tout dire, étant affurée que vous êtes un juſte qui connoiſſez les entrailles de vos bêtes , & que vous avez pitié de tout ce qu'il y a de foible dans les ames dont Dieu vous a donné le foin. De forte que quand j'aurois tort de penfer ce que je penfe & de dire ce que je dis , vous ne vous en bleſſerez pas , parce que la charité fupporte tout. Je ne puis prefentement vous parler d'autre chofe. Nous fommes encore en enterrement , & voilà le Service qui fonne pour un de nos Jardiniers qui mourut hier. Il auroit bien des chofes à dire contre ceux qui tiennent ici des gardes , s'il en veut faire des plaintes au Tribunal de ſon Juge. Je crois tout

de bon qu'il eſt difficile de faire une bonne paix avec des perſonnes fi ennemies de la juſtice , & fi venduës à l'iniquité. On ne peut penfer fans horreur à ce qui fe voit & à ce qu'on fçait. Je ne comprens pas pourquoi on fait plus de difficulté de nous condamner tous à l'Echafaut , que de faire ce que l'on fait. L'un n'eſt pas moins oppoſé à l'eſprit de l'Eglife & à ſes loix que l'autre.

XXI. LETTRE.

Ce 18. *May* 1668.

JE regarde tout ce qui fe paſſe comme étant arrivé avant la venuë du S. Eſprit qui a été donné a l'Eglife pour publier la verité de Dieu avec hardieſſe. La refiſtance que vous avez faite juſqu'à prefent a eû toutes les marques qu'elle venoit de ce Maître divin , & vous en avez reſſenti les effets en difant avec tant de zéle , *Laqueus contritus eſt , & nos liberati fumus.* Je tremble de peur que la condeſcendance ne ruine tout ce que la fermeté inflexible avoit fait. On ne voit pas tout d'un coup les piéges qu'on nous tend , & même on ne s'en donne pas affez de garde , quand ce font des amis & qui paſſent pour être amis de Dieu , qui revêtent les chofes de bons pretextes ; mais c'eſt bien plûtôt fait d'être fimples dans le mal que d'être fages dans le bien , & je m'aſſure que fi vous écoutez entierement vôtre propre inſtinct , vous vous trouverez plus fort que tout ce qui vous environne ; & j'eſpere qu'encore que l'affaire foit fort avancée Dieu vous en delivrera , parce qu'il eſt infiniment puiſſant pour vous en donner la force , & infiniment fage pour vous en faire trouver les moyens. Je ferois témeraire de vous parler ainfi , fi je ne parlois comme vous même qui n'avez point eû d'autre langage juſqu'à prefent. Je n'en dirai pas davantage , puiſqu'auffi bien ne pourrois-je pas exprimer la douleur où je fuis. J'invoque le S. Eſprit pour le fupplier de hâter fa venuë , pour confondre ceux qui la veulent prevenir par leurs conseils , mais d'une confusion sainte qui les éloigne de tous ces accommodemens qui blessent si dangereusement la verité.

XXII. LETTRE.

ENfin par la grace de Dieu nous sommes pauvres & dépouillées des biens de la terre ; & je pense que nous serons bien-heureuses & heritieres du Royaume du Ciel selon l'Evangile , parce qu'il me semble que par une plus grande misericorde encore , Dieu nous fait la grace de nous en réjoüir. Ce coup que j'avois apprehendé par mon peu de foi qui n'en abbattit plusieurs , semble nous avoir toutes fortifiées ; & il y avoit de la consolation hier à la conference d'entendre toutes les Sœurs dire chacune à leur tour , les sentimens qu'elles avoient eûs sur cette nouvelle épreuve. Ce ne sont encore que des semences , mais nous esperons qu'elles apporteront du fruit dans la patience , quand nôtre pauvreté commencera à produire l'incommodité & le manquement de plusieurs choses dont nous usons à present avec action de graces , parce que jusqu'ici la providence de Dieu & la charité des Superieures nous en a permis l'usage , mais qui feront place à des consolations plus solides , quand l'injustice des hommes nous les aura retranchées pour nous faire acheter en échange le tresor de la pauvreté de Jesus-Christ. Ce tresor est encore plus riche pour nous que pour les autres qui l'ont rencontré sans peine , parce qu'il se trouve joint à celui de la persecution pour la justice , & qu'en même tems qu'on nous demande les Titres de tout le bien de nôtre Abbaye , on nous met entre les mains les deux Titres les plus assurez de la possession du Royaume des Cieux , qui est promis aux pauvres d'esprit & à ceux qui souffrent pour la justice. Nous commençons déja à nous sentir plus enrichies par la découverte de ce nouveau tresor ; car nôtre foi en Jesus-Christ est augmentée depuis que nous nous trouvons destituées de tout appui dans les hommes ; nôtre esperance en est plus ferme , parce que les promesses de l'Evangile sont plus expresses en faveur des pauvres ; & nôtre amour pour Dieu s'est rallumé , en voyant de si grandes marques de celui qu'il daigne avoir pour nous , rien ne nous pouvant tant assurer qu'il veut être nôtre pere , nôtre protecteur , & nôtre invincible appui , que cet abandonnement universel où il nous reduit de la part du monde , jusques là qu'on deffend seulement de recevoir nos réponses , & qu'on veut que nous soyons muettes comme un agneau devant ceux qui nous tondent & qui vendent nôtre laine & nôtre vie à deux cens livres par tête que l'on promet à la Sœur Dorothée qui lui reviendront par nôtre mort. Il ne tiendra pas à nous que nous ne leur fassions part largement du peu de bien que Dieu nous donne , jusqu'à nos liens & à nôtre pauvreté , si elles pouvoient devenir assez sages pour en estimer le prix. Mais je perds le tems , & j'en ai affaire pour parler d'autres choses : nous en remettrons beaucoup à la vive voix de 160. mais seulement il faut déliberer sur le plus pressé , qui est de sçavoir ce que l'on aura à faire & à dire touchant les Titres que l'Ordonnance nous oblige de rendre incessamment. Il faudroit avoir par écrit les réponses que nous devrons faire selon les personnes qui auront la commission de les venir querir. Si c'est le Lieutenant Civil , comme nous venons d'en avoir une fausse allarme , ou quelque Officier de Mr. l'Archevêque , ou quelqu'un des gens de la Sœur Dorothée , nôtre pensée seroit de ne les point du tout donner , mais de laisser faire la violence quand même ce seroit de la part du Roi ; disant que nous avons demandé du conseil; que nous n'entendons pas assez les affaires pour sçavoir comment nous devons agir ; que la raison nous apprend seulement qu'il n'est pas juste que nous livrions nos Titres entre les mains de nos parties ; & que Mr. l'Archevêque & nos Sœurs nous tiennent cette qualité ; mais que la justice & la pieté nous assurent encore davantage , que le bien de cette Abbaye appartenant à Jesus-Christ , & nous autres n'en étant que les dépofitaires , nous lui devons la fidelité de ne point confentir à l'ufurpation que l'on en voudroit faire ; qu'ainfi l'on peut ufer de violence , que nous n'y refifterons pas , mais auffi que nous ne contribuerons en rien à une chofe qui nous paroit injufte. C'eft à peu prés nôtre penfée ; mais nous ne la difons que pour fuivre la vôtre, & vous fupplier de dicter les réponfes. Celle que vous avez envoyée il y a long-tems nous a été d'un admirable fecours quand on eft venu faire cette derniere fignification ; car on eft fi étourdi dans ces rencontres , que l'efprit n'a pas le tems & la liberté de fe reffouvenir des chofes , fi on ne les voit devant foi , & avec cela on fe proportionne & on change & ajufte les chofes felon le befoin. Si donc on vouloit forcer les portes pour les papiers , nous les mettrons dans les bas côtez, afin de pouvoir dire qu'ils font à l'Eglife , & voir s'ils fe refoudront à violer cet azile.

Vous verrez que Mr. l'Archevêque menace encore d'excommunication , & néanmoins il ne s'agit plus de la Signature ; mais il va fe fervir de cette épée contre tout ce qui lui refiftera. Quand il voudra prendre le bien des perfonnes & qu'elles ne voudront pas le lui donner , il les en tuëra de fa main , ou employera le bras feculier pour lui aider à dépoüiller les pauvres qui tâchent à retenir leur manteau. Si ce n'eft être *Socii Latronum*, je ne fçais pas ce qui y reffemblera davantage.

Ma Sœur Anne Eugenie dit au fujet de ces papiers, que l'arbitre de Mr. fon fils lui difoit il y a deux ans , que quand les parties conteftoient à qui devoient être les Titres, tout ce que l'on pouvoit au plus accorder aux Créanciers , étoit de remettre les papiers entre les mains d'une perfonne publique , comme un Notaire , où les Parties les puffent aller voir , ou en prendre copie collationnée. Et felon cela , elle croit que nous pourrions demander la même chofe tout au moins , & ne les remettre jamais entre les mains de Mr. de Paris ni de nos Sœurs ; mais ils ne feroient non plus en affurance chez un Notaire quand le Roi s'en mêle : c'eft feulement pour vous tout dire.

Nous demandons auffi comment nous devons parler de ce dernier Arrêt , & fi ce qu'il prétend, que tous nos Appels font nuls, par la fauffe fuppofition qu'il n'y a eû que l'autorité Royale , dont on n'appelle point, qui ait fait tout ce qu'on nous a fait; fi cela dis-je , nous empêche de dire que le nom de Sa Majefté n'ayant parû en rien , & Mr. l'Archevêque s'étant même offenfé qu'on crût qu'il agiffoit par ordre de la Cour, ayant affuré cent fois qu'il n'agiffoit que pour l'acquit de fa confcience & par le devoir de fa charge, nous ne pouvons pas dire que nous perfiftons toûjours dans nos Appels , & même dans le dernier qui lui fut fignifié par l'Acte que nous lui envoyames depuis la prétenduë élection, où nous proteftions par avance contre ce partage de bien qu'il vient de faire , & le prenions à Partie lui & les fiens de tous les dommages qui s'en pourroient fuivre ; en diftinguant que nous n'appellons que de l'Ordonnance de Mr. l'Archevêque, & non de l'Arrêt du Confeil. Mais je ne fçai fi cette diftinction fe peut faire quand l'un n'eft que la confirmation de l'autre..... Je remets le refte à 160. finon que j'ajoûte que je fuis fans comparaifon plus en peine pour vôtre fanté que pour nos affaires ; j'ai impatience d'en avoir des nouvelles.

F I N.

BIBLIOTHEQUE NATIONALE DE FRANCE
3 7502 04241306 4

www.ingramcontent.com/pod-product-compliance
Lightning Source LLC
Chambersburg PA
CBHW061347050726
47595CB00005B/2117